Erfolgreich

in der interkulturellen Kommunikation

Trainingsmodul

von Volker Eismann

Cornelsen

Training berufliche Kommunikation

Erfolgreich in der interkulturellen Kommunikation

Trainingsmodul

Erarbeitet von: Volker Eismann

Projektleitung am Goethe-Institut e.V. München:

Dr. Werner Schmitz, Abt. Sprache – Bildungskooperation Deutsch / Berufs- und Fachsprachen

Konzeption (Projektteam):

Dr. Werner Schmitz (Goethe-Institut München), Volker Eismann (ESCP-EAP Paris),

Beatrix Hippchen (Goethe-Institut Barcelona), Dr. Györgyi Szalay (Goethe-Institut Budapest)

Konzeptvorlagen und Aufgabenentwürfe, die in das vorliegende Modul eingegangen sind:

Prof. Dr. Bernd Müller-Jacquier, Interkulturelle Germanistik (Universität Bayreuth)

Verlagsprojektleitung: Gunther Weimann

Lektorat: Andrea Mackensen

Illustrationen: Laurent Lalo

Umschlaggestaltung: Ellen Meister

Bildredaktion: Katja Huning, Berlin

Layout und technische Umsetzung: Heike Börner, Berlin

Weitere Kursmaterialien:

Hinweise für den Unterricht   ISBN 978-3-06-020373-4

www.cornelsen.de

Die Internetadressen und -dateien, die in diesem Lehrwerk angegeben sind, wurden vor
Drucklegung geprüft. Der Verlag übernimmt keine Gewähr für die Aktualität
und den Inhalt dieser Adressen und Dateien oder solcher, die mit ihnen verlinkt sind.

1. Auflage, 1. Druck 2007

Alle Drucke dieser Auflage sind inhaltlich unverändert und können im Unterricht nebeneinander verwendet werden.

Druck: CS-Druck CornelsenStürtz, Berlin

ISBN 978-3-06-020266-9

 Inhalt gedruckt auf säurefreiem Papier aus nachhaltiger Forstwirtschaft.

Vorwort

Liebe Kursteilnehmerin, lieber Kursteilnehmer,^{*)}

mit dem Erlernen der Fremdsprache Deutsch haben Sie bereits eine ganz wichtige Voraussetzung für erfolgreiche interkulturelle Kommunikation mit Ihren deutschen Partnern und Partnerinnen erfüllt. Sicher haben Sie aber schon häufiger die Erfahrung gemacht, dass auch bei Verwendung einer gemeinsamen Kommunikationssprache Missverständnisse auftreten, dass bestimmte, der einen Seite „normal" erscheinende Äußerungsformen und Verhaltensweisen die andere Seite befremden, verunsichern, ärgern oder gar schockieren und die Zusammenarbeit dauerhaft beeinträchtigen können.

Das Trainingsmodul hilft Ihnen,
– kulturbedingte Probleme, insbesondere bei der sprachlichen Kommunikation, besser zu identifizieren und ihre Ursachen zu verstehen;
– sich Ihrer „Mitverantwortung" bei der Entstehung dieser Probleme bewusst zu werden;
– die Konventionen zu erkennen, an denen sich beide Seiten bei der Kommunikation orientieren;
– die sprachlichen Mittel zu erwerben und zu üben, mit denen Sie in die kommunikativen Abläufe eingreifen und gegebenenfalls kulturbedingte Probleme mit Ihren Partnern ansprechen können;
– alternative Gesprächsstrategien zu erproben, um erfolgreicher in interkulturellen Kommunikationssituationen zu handeln und zu kommunizieren.

Erwarten Sie keine schlüsselfertige „Gebrauchsanweisung für den richtigen Umgang mit deutschen Partnern", denn die gibt es nicht. Doch Sie lernen, in interkulturellen Kommunikationssituationen die „richtigen Fragen" zu stellen und die „richtigen Antworten" aus der Perspektive Ihrer eigenen Kultur zu erarbeiten. Dies gehört zu den zentralen Lernzielen dieses Trainingsmoduls.

„Erfolgreich in der interkulturellen Kommunikation" orientiert sich am von B. Müller-Jacquier (Professor für Interkulturelle Germanistik, Universität Bayreuth) entwickelten diskurs-linguistischen Ansatz *Linguistic Awareness of Cultures* zur Erforschung und Schulung interkultureller Kompetenzen. Der fachlichen Auseinandersetzung mit seinen Forschungskonzepten verdankt das vorliegende Modul wichtige Einsichten und übernimmt Teile der vom ihm zur Verfügung gestellten Materialien und Aufgaben.

Wir wünschen Ihnen viel Spaß beim Training und viel Erfolg bei Ihren nächsten Gesprächen.
Der Autor und das Projektteam

Vorbemerkung

Wer sich in kurzer Zeit Formulierungen aneignen will oder muss, um sie zielgerichtet in beruflichen Situationen anwenden zu können, findet in der Reihe „Training berufliche Kommunikation" nützliche Strategien für die Gesprächsführung, praxisnahe Aufgaben und viele Redemittel. Das Goethe-Institut verfolgt hiermit das Konzept, bereits existierenden Lehrwerken berufsorientierte und modular einsetzbare Unterrichtsmaterialien hinzuzufügen.

Für die Realisierung der Trainingsmodule „Erfolgreich in …" gehört dem Autor, den an der Entwicklung und Erprobung beteiligten Kolleginnen und Kollegen sowie dem Verlag der Dank der Projektleitung.

Dr. Werner Schmitz
Goethe-Institut, Abt. Sprache – Bildungskooperation Deutsch / Berufs- und Fachsprachen

*) Für die Bezeichnung von Personen verwenden wir an vielen Stellen die Doppelform (z. B. *Mitarbeiter und Mitarbeiterinnen*). Dort, wo es die Lesbarkeit des Textes allzu sehr erschwert, haben wir darauf verzichtet. Wir hoffen auf das Verständnis der Kursteilnehmerinnen.

Inhalt

Hinweise

⊚ Hörtext oder Videosequenz auf CD

▤ Kommunikationsmittel: Interkulturelle Kommunikation (Teil VI)

▯ Text mit zusätzlicher Aufgabe oder Rollenkarte in „Hinweise für den Unterricht"

Schriftliche Ausführung von Aufgaben: Dort, wo der Platz für Arbeitsblätter im Buch selbst nicht ausreicht und Sie auf „freiem Papier" arbeiten sollten, sind entsprechende Tabellen oder Schreibfelder nur angedeutet.

Kontakte mit deutschen Gesprächs- partnern und -partnerinnen

A Einschätzungen und Bilder

B Probleme bei der Zusammenarbeit

A Einschätzungen und Bilder

1. **Wer sind die deutschen Gesprächspartner und -partnerinnen, mit denen Sie regelmäßig in Ihrer beruflichen Tätigkeit zu tun haben? Worum geht es bei der Zusammenarbeit oder bei Gesprächen mit ihnen? Notieren Sie Stichworte und berichten Sie.**

Mitarbeiter in Ihrem Unternehmen	Gegenstand der Zusammenarbeit/Gespräche
Kollegen	
Vorgesetzte	
Ihnen unterstellte Mitarbeiter	
Andere deutsche Partner	
Kunden	
Lieferanten	
Geschäftspartner	

2. **Wie würden Sie Ihre deutschen Partner und Partnerinnen beschreiben?**

a **Notieren Sie jeweils mindestens fünf Eigenschaften.**

Ich finde die Deutschen ...

(ziemlich)	nicht (besonders)
1.	1.
2.	2.
3.	3.
4.	4.
5.	5.

anpassungsfähig ▪ arrogant ▪ aufgeschlossen ▪ bescheiden ▪
beweglich ▪ ehrlich ▪ eingebildet ▪ faul ▪ fleißig ▪ friedlich ▪
gastfreundlich ▪ geistvoll ▪ geizig ▪ geschäftstüchtig ▪ großzügig ▪
hartnäckig ▪ herzlich ▪ hilfsbereit ▪ höflich ▪ humorlos ▪
humorvoll ▪ kontaktfreudig ▪ nationalbewusst ▪ offen ▪
ordentlich ▪ rücksichtsvoll ▪ schwerfällig ▪ selbstsicher ▪ stolz ▪
streitsüchtig ▪ teamfähig ▪ überheblich ▪ vertrauenswürdig ▪
witzig ▪ zielstrebig ▪ zurückhaltend ▪ zuverlässig ▪ ...

b Beschreiben Sie konkrete Erlebnisse oder Beobachtungen, die zu diesen Einschätzungen beigetragen haben.

Eindrücke beschreiben	Einschätzungen bestätigen oder relativieren
▪ *Ich finde …* ▪ *Mir erscheinen die Deutschen (oft) als …* ▪ *Ich habe den Eindruck, dass sie …* ▪ *Ich empfinde sie (oft) als …* Erfahrungen/Beobachtungen beschreiben ▪ *Ich habe oft bemerkt/beobachtet, dass die Deutschen …* ▪ *Es ist mir aufgefallen, dass …* ▪ *Ich habe oft die Beobachtung/Erfahrung gemacht, dass …* ▪ *Wenn man …, ist es häufig so, dass die Deutschen …* ▪ *Die Deutschen, die ich kenne / denen ich begegnet bin / mit denen ich zu tun habe, …*	▪ *Ich kann aus meiner Erfahrung (nicht wirklich) bestätigen, dass …* ▪ *Ich habe auch/eher/eigentlich (nicht) den Eindruck, dass …* ▪ *Ich empfinde/erlebe sie auch/nicht als …* ▪ *Die Deutschen, mit denen ich zu tun (gehabt) habe, sind/waren oft auch/nicht …* ▪ *Das entspricht auch/nicht meinen eigenen Erfahrungen mit ihnen. …* ▪ *Die meisten Deutschen, die ich getroffen habe, …* ▪ *Ich persönlich finde die Deutschen wirklich/ziemlich/überhaupt nicht …, denn …*

c Haben Sie diese Eindrücke eher bei Kontakten im privaten Bereich oder eher bei der beruflichen Zusammenarbeit gewonnen?

d Welche Verhaltensweisen Ihrer deutschen Partner empfinden Sie eher als angenehm, eher als unangenehm oder als befremdend? Nennen Sie Beispiele.

3. **Erstellen Sie gemeinsam ein Gesamtporträt Ihrer deutschen Partner und Partnerinnen.**

Wir finden die Deutschen, mit denen wir zu tun haben, …

(ziemlich)	nicht (besonders)
1.	1.
2.	2.

4. **Wechseln Sie die Perspektive: Wie würden wohl Ihre deutschen Partner und Partnerinnen Ihre Landsleute beschreiben?**

a Erstellen Sie gemeinsam ein entsprechendes Porträt.

Die Deutschen finden uns sicher …

(ziemlich)	nicht (besonders)
1.	1.
2.	2.

b Welche Erfahrungen oder Beobachtungen können zur Entstehung dieses Bildes bei den deutschen Partnern beigetragen haben? Diskutieren Sie im Kurs.

B ▮ Probleme bei der Zusammenarbeit

1. Haben Sie Probleme bei der Zusammenarbeit mit Ihren deutschen Partnern und Partnerinnen beobachtet, die aufgrund unterschiedlicher Verhaltensweisen, Vorgehensweisen oder Kommunikationsstile auf beiden Seiten entstehen? Berichten Sie.

Einschätzungen von Verhaltensweisen erklären
- *Wenn die Deutschen / Wenn jemand bei uns, ...*
  - *... dann sehen wir / die Deutschen darin den Beweis dafür, dass sie/wir ...*
  - *... dann haben wir / die Deutschen gleich den Eindruck, dass sie/wir ...*
  - *... dann ist es für uns / für die Deutschen eine Bestätigung dafür, dass ...*
- *Wir / Die Deutschen haben die Gewohnheit, ...*
  - *Das empfinden die Deutschen / wir als ...*
  - *Darauf reagieren die Deutschen / wir mit ...*
- *Bei Besprechungen/Verhandlungen/Diskussionen / persönlichen Gesprächen passiert es oft ... / kommt es oft vor ... / ist es oft so, dass wir/sie ...*
- *Wenn es um ... / darum geht, ...*
  - *... kommt es wegen ... oft zu Missverständnissen/Konflikten.*
  - *... gibt es wegen ... oft Spannungen/Meinungsverschiedenheiten.*
- *Wenn ich/wir mit deutschen Partnern/Kunden/Lieferanten/Kollegen ...*
  - *... (dann) sind wir/sie oft überrascht/verunsichert/ratlos/verärgert/..., weil ...*

2. Haben Sie erlebt, dass „interkulturelle" Probleme, die bei der Zusammenarbeit entstanden waren, von den Betroffenen angesprochen und dann gelöst wurden? Berichten Sie darüber.

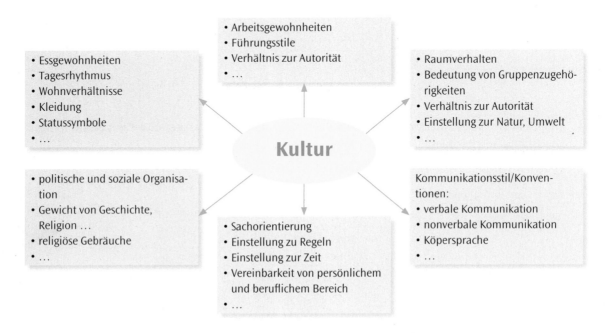

Teil

Interkulturelle Kommunikation

A Voraussetzungen für erfolgreiche Kommunikation, Ursachen von Missverständnissen

B Unterschiedliche Konventionen

C Wertungen und Stereotype

D Interkulturelle Kommunikation im beruflichen Alltag

A Voraussetzungen für erfolgreiche Kommunikation, Ursachen von Missverständnissen

Zu den Voraussetzungen für erfolgreiche Kommunikation gehört u. a., dass beide Kommunikationspartner …

- eine gleiche Einschätzung der sozialen Situation (Kontext, Rollen, Beziehung zwischen den Partnern) haben;
- eine gemeinsame Sprache sprechen, in der sie sich verständigen können;
- über gemeinsame Konventionen verfügen,
  a) wie bestimmte Mitteilungsabsichten sprachlich realisiert werden können;
  b) wie und was begleitende Signale (Tonfall, Stimme, Mimik, Gestik, Handlungen) zur Realisierung der Mitteilungsabsicht beitragen.

Mitteilungsabsichten von Kommunikationspartnern

⊚ ▶2 **1. Hören Sie den folgenden Dialog zwischen Mutter und Tochter.**

a Welche Mitteilungsabsichten verbinden Mutter und Tochter mit ihren Äußerungen? Notieren Sie a–e.

Äußerungen	a–e
1. Die Tochter <u>fragt</u>, ob sie ein Eis bekommt.	
2. Die Mutter <u>beschreibt</u>, dass sie gerade Essen macht.	
3. Die Tochter <u>stellt fest</u>, dass die Mutter das oft (immer) macht.	
4. Die Mutter <u>erwägt die Möglichkeit</u>, dass es zum Nachtisch ein Eis gibt.	
5. Die Tochter <u>bestätigt</u> diese Möglichkeit und <u>beschreibt</u> das Eis.	

Mitteilungsabsichten
a Sie verspricht etwas.
b Sie signalisiert Zufriedenheit.
c Sie äußert einen Wunsch.
d Sie lehnt eine Bitte ab.
e Sie signalisiert Enttäuschung.

b Treffen die folgenden Beschreibungen zu? Kreuzen Sie an.

	Ja	Nein
1. Der Inhalt der Äußerungen drückt die Mitteilungsabsicht explizit aus.	☐	☐
2. Die Form der Äußerung drückt die Mitteilungsabsicht explizit aus.	☐	☐

c Was ermöglicht hier die Kommunikation zwischen Mutter und Tochter? Erläutern Sie anhand der Einleitung.

d Formulieren Sie explizit, was Mutter und Tochter meinen.

1. Tochter: _____

2. Mutter: _____

3. Tochter: _____

4. Mutter: _____

5. Tochter: _____

2. Lesen Sie den folgenden Dialog zwischen zwei Arbeitern auf einer Baustelle. Formulieren Sie die Mitteilungsabsichten explizit.

A: *Hast du nicht auch Durst auf 'n Bier?*

B: *Machen wir die Mauer g'rad noch fertig!*

A: *Es ist schon halb fünf!*

B: *Zwanzig nach vier!*

A: *Hat der Chef dir die Uhr geschenkt?*

Mögliche Ursachen von Missverständnissen

1. Lesen Sie die Situationsbeschreibung.

Situation: Bei der morgendlichen Routine-besprechung eines indonesisch-niederländischen Unternehmens fehlte es an Sitzgelegenheiten. Einer der indonesischen Mitarbeiter betrat das Büro eines niederländischen Kollegen und entlieh sich dort ohne weiteren Kommentar einen Stuhl. Der Niederländer reagierte mit einem „Na, bist du auf einer kleinen Diebestour?". Der Indonesier war zutiefst beleidigt und es dauerte anschließend 45 Minuten um den Konflikt zu bereinigen.

(nach: Hofstede)

a **Treffen die folgenden Aussagen Ihrer Meinung nach zu? Kreuzen Sie an und besprechen Sie gemeinsam Ihre Antworten.**

	Ja	Mit Ein-schränkung	Nein
1. Die Äußerung des niederländischen Mitarbeiters war beleidigend.	☐	☐	☐
2. Der niederländische Mitarbeiter wollte den indonesischen Kollegen beleidigen.	☐	☐	☐
3. Der indonesische Mitarbeiter hat nicht verstanden, was der niederländische Kollege gesagt hat.	☐	☐	☐
4. Der indonesische Mitarbeiter hat falsch verstanden, was der niederländische Kollege mit seiner Äußerung beabsichtigte.	☐	☐	☐
5. Die Reaktion des indonesischen Mitarbeiters war unangemessen.	☐	☐	☐
6. Die Äußerung des niederländischen Mitarbeiters war missverständlich.	☐	☐	☐

b **Welche der drei Voraussetzungen für erfolgreiche Kommunikation (siehe Einleitung) waren in dieser Situation erfüllt, vielleicht nicht erfüllt, wahrscheinlich nicht erfüllt? Diskutieren Sie im Kurs.**

c   Welche Konvention (1–3) auf Seiten des niederländischen Mitarbeiters würde in den folgenden Erklärungen erkennbar werden? Notieren Sie 1–3.

Für den niederländischen Mitarbeiter geltende Konvention *
Eine solche Äußerung entspricht …
1. dem normalen Umgangston zwischen Kollegen;
2. nur dem Umgangston zwischen persönlich gut vertrauten Kollegen;
3. nicht dem normalen Umgangston zwischen Kollegen im beruflichen Kontext.

* Es handelt sich um konstruierte Beispiele.

Erklärungen des niederländischen Mitarbeiters	Konvention
a *Der kam da einfach in mein Büro, ohne was zu sagen. Die Situation war irgendwie peinlich und ich wollte das mit einem Witz entspannen.*	
b *Tut mir leid, aber ich sehe nicht, wo das Problem sein soll!*	
c *Ich habe mich doch bemüht, den neuen, ausländischen Kollegen besonders freundlich zu empfangen.*	

d   Formulieren Sie mögliche Erklärungen des indonesischen Mitarbeiters, wenn bei ihm eine der folgenden Konventionen gilt.

In Indonesien geltende Konvention *	Erklärung
1. Auch zwischen gut miteinander bekannten Kollegen bedeutet eine solche Äußerung eine Kritik oder ein Zeichen von Feindseligkeit.	*Ich hatte den Eindruck, …*
2. Mit den Begriffen „Dieb" und „Diebstahl" wird eine sehr diffamierende Bedeutung verbunden.	*Das war für mich …*
3. Ironische Bemerkungen sind in Arbeitsbeziehungen ungewöhnlich und dürfen allenfalls vom hierarchisch höher gestellten Gesprächspartner verwendet werden.	*Der (niederländische Kollege) glaubt wohl, …*

* Es handelt sich um konstruierte Beispiele.

2. Wie würden Sie selbst in dieser Situation auf eine solche Bemerkung eines Kollegen reagieren?

3. Arbeiten Sie zu dritt. Übernehmen Sie eine der drei folgenden Rollen und führen Sie ein klärendes Gespräch.

Indonesischer Mitarbeiter:
Sie sind sehr aufgebracht und bestehen auf einer formellen Entschuldigung des niederländischen Mitarbeiters.

Niederländischer Mitarbeiter:
Sie verweigern eine Entschuldigung, da Sie sich nichts vorzuwerfen haben.

Vermittelnder Kollege:
Sie versuchen zunächst zu klären, was genau vorgefallen war, und laden dann beide Seiten ein, ihre Handlungen und Reaktionen zu erklären.

B Unterschiedliche Konventionen

Nonverbale Kommunikation

1. Welche Voraussetzungen müssen in der folgenden Situation erfüllt sein, damit B die „Botschaft" von A so versteht, wie A sie meint? Diskutieren Sie im Kurs.

Situation: **Eine Liebeserklärung (1)** *

A (Mann aus Kultur A) hat B (Frau aus Kultur B) auf einem internationalen Kongress kennen gelernt. Sie haben häufig miteinander zu tun gehabt, konnten aber nur über Dolmetscher kommunizieren, da sie keine gemeinsame Sprache sprechen.
Kurz vor der Abreise sitzen sie allein in der Cafeteria.
A möchte B seine Gefühle für sie verständlich machen.
Er malt ein Herz mit Pfeil auf die Rückseite seiner Visitenkarte und reicht sie ihr lächelnd.

* Es handelt sich hier um eine Konstruktion zum Zweck der Demonstration. Reale (interkulturelle) Kommunikationssituationen sind komplexer in ihren Abläufen und weniger eindeutig „durchschaubar".

2. Welche Reaktionen von B (1–6) kann man jeweils erwarten, wenn in Kultur B die Konventionen a–h gelten?

a Notieren Sie 1–6 (Mehrfachantworten möglich). Besprechen Sie Ihre Antworten im Kurs.

Reaktionen

1. B versteht überhaupt nicht, was A will.
2. B missversteht die Erklärung von A.
3. B hat Zweifel daran, ob A es mit seiner Erklärung ernst meint.
4. B hat das Gefühl, als Frau/Person nicht respektiert zu werden.
5. B findet das Verhalten von A befremdend.
6. B ist über das Verhalten von A empört.

In Kultur B geltende Konventionen	1–6
a „Herz + Pfeil" existieren nicht als Symbol.	
b „Herz" bedeutet „Gesundheit" und „Pfeil" bedeutet „Schaden zufügen".	
c „Herz + Pfeil" haben eine sexuelle Bedeutung.	
Auch in Kultur B bedeuten „Herz + Pfeil" eine Liebeserklärung, aber …	
d es ist nicht üblich, dass Männer ihre Gefühle für eine Frau explizit ausdrücken.	
e in dieser Situation wird der Austausch von Visitenkarten immer durch die Dame eingeleitet.	
f der Mann würde für diese Erklärung einen besonders zeremoniellen Rahmen wählen (Ort, Umstände …).	
g der Mann würde eine ernst gemeinte Liebeserklärung nur aussprechen, wenn er vorher die Familie der Frau kennen gelernt hat.	
h eine explizite Liebeserklärung ist mit einem Heiratsantrag gleichbedeutend.	

b Um welche Art der Konventionen handelt es sich bei den Beispielen (a–h) auf Seite 13?
Notieren Sie a–h (Mehrfachzuordnungen möglich). Besprechen Sie Ihre Antworten im Kurs.

Art der Konventionen	a–h
1. Sprachliche Konventionen	
2. Nonverbale Zeichensysteme	
3. Etikette, d. h. Regeln, was man in bestimmten Situationen tun oder unterlassen muss (Umgangsformen)	
4. Werte, an denen sich die Menschen in ihrem Handeln und Verhalten orientieren und mit denen sie das Handeln/Verhalten anderer bewerten	

Verbale Kommunikation

Auch wenn Partner aus verschiedenen Kulturen über eine gemeinsame Sprache verfügen, die
ihnen die Verständigung erlaubt, kann es in beiden Kulturen verschiedene Konventionen darüber
geben, wie bestimmte Mitteilungsabsichten realisiert werden. Zum Beispiel, wenn man in beiden
Kulturen …

a mit einem Wort unterschiedliche Bedeutungen verbindet;

b eine bestimmte Absicht mit unterschiedlichen sprachlichen Formen ausdrückt;

c eine bestimmte Absicht unterschiedlich direkt ausdrückt;

d unterschiedliche Erwartungen an den „normalen" Ablauf (die Phasen) eines bestimmten
Gesprächstyps hat;

e bei einem bestimmten Gesprächstyp unterschiedliche Erwartungen hat, welche Gesprächsthemen angesprochen oder vermieden werden (sollten);

f in einer bestimmten Gesprächssituation unterschiedliche sprachliche Register (z. B. eher
formelles oder eher informelles Register) für angemessen hält;

g mit einer bestimmten Sprechweise (z. B. Stimm-, Tonlage) unterschiedliche Bedeutungen
verbindet.

1. Welche der oben genannten Konventionen (a–g) werden in den folgenden Beispielen illustriert?

a Notieren Sie a–g zu den Beispielen (Mehrfachantworten möglich).

Kultur A	Kultur B	a–g
Man lehnt den Vorschlag eines Gesprächspartners oft so ab: „Ja, das ist eine sehr gute Idee. Vielleicht sollten wir aber auch überlegen, ob nicht …"	Man würde in der gleichen Situation den Vorschlag des Gesprächspartners eher so ablehnen: „Ich glaube nicht, dass das funktioniert. Ich halte es für besser, wenn wir …"	
Man bezeichnet als „Kollegen" die hierarchisch gleichgestellten Mitarbeiter.	Man meint mit „Kollegen" alle Mitarbeiter des Unternehmens.	
Jemand, der einen Kollegen kurz sprechen möchte, würde diesen Wunsch so äußern: „Verzeihen Sie, dürfte ich Sie einen Moment stören?"	Man sagt in der gleichen Situation zu seinem Kollegen meistens einfach: „Kann ich dich kurz sprechen?"	
Bei Gesprächen im beruflichen Kontext werden keine Fragen zu gesundheitlichen Problemen des Partners gestellt.	Im beruflichen Kontext werden zwischen Kollegen häufig Fragen über Gesundheit (oder Krankheiten) des Partners angesprochen.	
Bei der Begrüßung einer Person wird immer der Name genannt.	Man grüßt Personen, die man schon länger kennt, ohne den Namen zu nennen.	
Es ist bei Gesprächen im beruflichen Kontext üblich, nach dem Abschluss des Sachthemas noch mal eine Smalltalkphase einzulegen bzw. ein paar persönliche Sätze auszutauschen, bevor man sich verabschiedet.	Der Abschluss des Sachthemas ist zugleich Signal für den Gesprächsabschluss. In der Regel dankt man jetzt für das Gespräch und verabschiedet sich dann sofort.	
Man verleiht einer Äußerung dadurch Nachdruck, dass man leiser spricht.	Man verleiht einer Äußerung dadurch Nachdruck, dass man lauter spricht.	

b Besprechen Sie Ihre Antworten im Kurs.

2. Suchen Sie weitere Beispiele für mögliche Unterschiede von sprachlichen Konventionen in zwei Kulturen.

Zusammenspiel von verbalen und nonverbalen Botschaften

1. Welche unterschiedlichen sprachlichen Konventionen können in der folgenden Situation dazu führen, dass B die Äußerung von A anders versteht, als A sie gemeint hat? Diskutieren Sie im Kurs.

Situation: Eine Liebeserklärung (2)

A (Mann aus Kultur A) hat B (Frau aus Kultur B) auf einem internationalen Kongress kennen gelernt. B beherrscht einigermaßen die Sprache von A (Deutsch) und die beiden haben neben beruflichen auch private Unterhaltungen geführt.
Am letzten Tag sitzen sie in der Cafeteria. Als die Abfahrtszeit näher rückt, greift A vorsichtig nach beiden Händen seiner Partnerin, schaut ihr bedeutungsvoll in die Augen und erklärt ihr, indem er sie zum ersten Mal mit „du" anspricht: „Ich fürchte, ich habe mich in dich verliebt." Er hat sich dabei leicht zu ihr vorgebeugt und der Duft seines Parfüms erreicht sie.

2. Durch welche nonverbale Signale von A wird die verbale Botschaft, die B empfängt, ergänzt?

a Notieren Sie Beispiele.

B sieht etwas: _____

B hört etwas: _____

B riecht etwas: _____

B fühlt etwas: _____

b Welche unterschiedlichen Bedeutungen könnten diese nonverbalen Signale für die Beteiligten haben? Erklären Sie in den Rollen von A und B.

- *Bei uns gilt … als normal / als ein Zeichen von … / als ein Beweis dafür, dass …*
- *Man darf/soll (nicht) …, wenn man …*
- *… hat für uns die Bedeutung von …*
- *Wir empfinden … als …*
- *Will man jemandem zeigen/andeuten, dass man …, dann …*
- *Natürlich … man normalerweise (nicht), aber in dieser Situation darf man … / versteht der andere, dass …*
- *Ein Mann darf/soll/würde in dieser Situation (nie/nicht) …, weil …*
- *Eine Frau darf/soll/würde in dieser Situation (nie/nicht) …, denn …*

C ▐ Wertungen und Stereotype

Beobachtungen und Wertungen

Erscheinungsbild, Handlungen, Verhaltensweisen, Gesprächsstil, Äußerungen usw. des Partners sind Signale, die bewusst oder unbewusst vom anderen Partner interpretiert werden, …
- um Absicht und Inhalt einer Mitteilung zu verstehen;
- um sich ein „Bild" vom Partner zu machen: Wie ist er? Welche Eigenschaften hat er? Wie steht er zu mir?

Das heißt, aus Beobachtungen werden Wertungen abgeleitet, werden Rückschlüsse auf bestimmte Charakterzüge oder Einstellungen einer Person gezogen.

1. Sehen Sie sich das Foto an. Wählen Sie eine Person aus.

a Arbeiten Sie zu zweit. Beschreiben Sie den Eindruck, den Sie von dieser Person haben (Persönlichkeit, Charakter, sozialer Status, Rolle in der Gruppe, Gemütszustand …). Der Partner notiert (in Stichworten) Ihre Beschreibung.

b Besprechen Sie gemeinsam Ihre Beschreibungen. Erklären Sie, was Sie zu Ihren Aussagen über die dargestellte Person veranlasst hat.

2. Lesen Sie die folgenden Äußerungen. Bei welchen handelt es sich um die Wiedergabe von Beobachtungen, bei welchen um Rückschlüsse auf Eigenschaften oder Charakterzüge, d. h. um Wertungen?

a Notieren Sie „B" für Beobachtungen und „W" für Wertungen.

Äußerungen	B / W
1. *Alle widersprechen den Vorgesetzten, aber nie in der Öffentlichkeit.*	
2. *Der da vorn, der das Konzept vorstellt, ist sehr detailverliebt.*	
3. *Die Blonde da, aus Deutschland, ist wirklich sehr konservativ.*	
4. *Die Kundenbetreuerin von AUTOEXPO trägt gern knielange Kostüme, unauffällige Farben und hat ihre Haare hochgesteckt.*	
5. *Die Leute in diesen Ländern halten es nicht so genau mit der Wahrheit.*	
6. *Die Leute sind ziemlich kalt und besonders für Ausländer kaum zugänglich.*	
7. *Die Leute stehen immer zehn Zentimeter weiter weg, als wir es erwarten.*	
8. *Die meisten Leute dort sind mit ihren Gedanken ganz wo anders, wenn Sie ihnen etwas präsentieren.*	
9. *Die meisten Leute, besonders die Frauen, schauen Ihnen nicht in die Augen, wenn sie Ihnen was erklären.*	
10. *Er ist ziemlich autoritätsfixiert und nicht besonders selbstbewusst.*	
11. *Herr Dr. Streiber kann sich einfach nicht durchsetzen.*	
12. *Herr Meier erklärt zu jedem einzelnen Punkt die Hintergründe, Fakten und mögliche Konsequenzen.*	
13. *Herr Mohnhaus ergreift in Besprechungen selten das Wort und lässt sich häufig unterbrechen.*	
14. *Sehr viele Menschen aus Asien nicken und äußern so etwas wie „ja", die richtige Antwort war jedoch „nein".*	
15. *Sie geben von sich aus keine Informationen weiter, du musst sie also regelmäßig befragen, dann klappt's.*	
16. *Sie ist machtbesessen und hält ständig wichtige Informationen zurück.*	

b Besprechen Sie Ihre Antworten. Welche Beobachtungen könnten zu den Wertungen geführt haben?

Konventionen und Wertungen

1. In den Beispielen 1–6 werden unterschiedliche Konventionen beschrieben, an denen sich Angehörige verschiedener Kulturen (A und B) orientieren können.

Das wird als „normal" bzw. „angemessen" empfunden in Kultur:

	A	B
1. Einen Fremden begrüßt man, …	indem man ihm die Hand schüttelt.	indem man sich leicht verbeugt und dabei auf Distanz bleibt.
2. Weiß man um persönliche Sorgen eines anderen Kollegen, …	zeigt man ihm seine Anteilnahme, indem man ihn danach fragt.	zeigt man ihm seinen Respekt, indem man sich jede Bemerkung darüber verbietet.
3. Eine mündliche Vereinbarung …	gilt als feste Zusage.	kann jederzeit von beiden Partnern noch einmal in Frage gestellt werden.
4. Körpergeruch …	gilt als Teil der natürlichen Ausstrahlung einer Person.	wird durch sorgfältige Hygiene vermieden und durch Parfüm überdeckt.
5. Witze und Anekdoten werden bei Gesprächen im beruflichen Kontext …	als Beitrag zum guten Gesprächsklima und zum Abbau von Spannungen geschätzt.	als unpassende Störung oder als unsachgemäße Ablenkung empfunden.
6. Nicht-Einverständnis mit einer vorgeschlagenen Lösung würde man z. B. so formulieren:	„Ich halte diese Lösung für ungeeignet."	„Ja, das ist ein ausgezeichneter Vorschlag. Vielleicht könnte man auch folgende Lösung noch in Erwägung ziehen: …"

a Wie werden Vertreter der Kultur A ihre Partner aus Kultur B einschätzen, wenn sie deren Verhalten anhand ihrer eigenen Konventionen beurteilen? Notieren Sie und diskutieren Sie Ihre Antworten im Kurs.

Beispiel	Vertreter aus Kultur A findet den Partner aus Kultur B wahrscheinlich:
1.	
2.	
3.	
4.	
5.	
6.	

b Wie werden Vertreter der Kultur B ihre Partner aus Kultur A einschätzen, wenn sie deren Verhalten anhand ihrer eigenen Konventionen beurteilen? Notieren Sie und diskutieren Sie Ihre Antworten im Kurs.

Beispiel	Vertreter aus Kultur B findet den Partner aus Kultur A wahrscheinlich:
1.	
2.	
3.	
4.	
5.	
6.	

unhöflich ▪ unehrlich ungepflegt ▪ gekünstelt ▪ unnatürlich ▪
aufdringlich ▪ abweisend ▪ indiskret ▪ unpersönlich ▪ unzuverlässig ▪
unflexibel ▪ stur ▪ humorlos ▪ unsachlich ▪ …

Stereotype

Wenn sich bestimmte Erfahrungen und Beobachtungen wiederholen, werden die entsprechenden Wertungen häufig auf alle Mitglieder der betroffenen Kultur übertragen und zu „typischen" Eigenschaften und Charakterzügen aller Mitglieder dieser Kultur verallgemeinert. Solche Verallgemeinerungen nennt man „Stereotype".

1. Welche Stereotype (1–8) könnten aufgrund der folgenden Beobachtungen bei Vertretern dieser Kulturen entstanden sein? Notieren Sie 1–8.

Stereotype
1. Deutsche sind unhöflich.
2. Engländer sind kühl.
3. Deutsche sind langweilig.
4. Auf Spanier kann man sich nicht verlassen.
5. US-Amerikaner sind kumpelhaft.
6. Japaner sind zurückhaltend.
7. Italiener sind temperamentvoll.
8. Marokkaner sind aufdringlich.

Beobachtungen	1–8
a *Sie sagen von sich aus kaum etwas!*	
b *Sie sagen erst halb „ja", dann sind sie doch entschieden dagegen!*	
c *Sie reden alle gleich mit dem Vornamen an.*	
d *Sie halten beim Reden Distanz zu anderen.*	
e *Sie gestikulieren viel beim Reden.*	
f *Sie kommen immer so nah heran!*	
g *Sie sagen immer alles, was sie gerade denken, auch Kritik!*	
h *Sie reden immer im gleichen Tonfall und bewegen die Hände nicht.*	

2. Welche anderen Verhaltensweisen oder Verhaltensformen erwartet man wohl in den Kulturen, in denen diese Stereotype gebildet wurden? Diskutieren Sie im Kurs.

C Wertungen und Stereotype

Witze und Karikaturen

Witze und Karikaturen über Kulturen oder deren Vertreter thematisieren oft solche stereotypen Vorstellungen. Immer handelt es sich dabei um Verallgemeinerungen. Zum Beispiel:

- Äußerliche Merkmale, die häufiger zu beobachten sind als im eigenen Land, werden zum „typischen Erscheinungsbild" (z. B. „Die Deutschen sind blond und blauäugig.").
- Auffallende, exotische Attribute, die oft nur in bestimmten Regionen oder bei bestimmten Gruppen anzutreffen sind (traditionelle Kleidung usw.), werden zum „typischen Kennzeichen" (z. B. „Deutsche tragen Lederhosen.").
- Wertungen, die bestimmten Handlungen, Verhaltensweisen usw. zugeordnet werden, werden zu „typischen Eigenschaften" (z. B. „Die Deutschen sind fleißig.", weil in Deutschland der Arbeitstag früher als in der eigenen Kultur beginnt.).

1. Sehen Sie sich auf der folgenden Seite die Karikaturen an und lesen Sie die Witze.

a Welche „typischen" Merkmale, Kennzeichen oder Eigenschaften werden dort angesprochen? Notieren Sie Stichworte.

Die Deutschen	Die Italiener	Die Amerikaner		
sind …				
tragen …				

b Welche Beobachtungen und Erfahrungen in diesen Ländern oder mit Vertretern dieser Kulturen können zur Entstehung dieser Stereotype beigetragen haben? Diskutieren Sie im Kurs.

2. Vergleichen Sie die „Bilder" der hier angesprochenen Kulturen mit Ihren eigenen Erfahrungen und Eindrücken.

- Also, ich persönlich habe auch / häufig / eigentlich noch nie / … erlebt, dass …
- Die meisten …, die ich getroffen habe, …
- Es mag richtig sein, dass viele … / dass man häufig in … antrifft/beobachtet/…, allerdings …
- Was mich betrifft, so habe ich häufig / nur selten / noch nie bemerkt, dass …
- Bei meinen Aufenthalten in … / Begegnungen mit … hatte ich eher den Eindruck / habe ich häufig die Erfahrung gemacht, dass …
- Ich kenne zwar auch … / habe zwar auch erlebt, dass …, aber meistens/oft/manchmal …
- Ich persönlich finde die … wirklich / überhaupt nicht …, denn …
- Es ist richtig, dass die … …, aber ich empfinde das (nicht) als …

 Text 1

Der ideale Europäer ...

kocht – wie ein Engländer
ist organisiert – wie ein Grieche
ist taktvoll – wie ein Däne
ist immer erreichbar – wie ein Belgier
ist berühmt – wie ein Luxemburger
ist nüchtern – wie ein Ire
ist großzügig – wie ein Niederländer
fährt Auto – wie ein Franzose
ist technisch begabt – wie ein Portugiese
ist selbstbeherrscht – wie ein Italiener
ist bescheiden – wie ein Spanier
ist humorvoll – wie ein Deutscher

Im Himmel sind ...
die Humoristen Briten,
die Köche Franzosen,
die Liebhaber Italiener,
die Mechaniker Deutsche,
und organisiert wird das Ganze
von den Schweizern.

In der Hölle sind ...
die Deutschen Humoristen,
die Briten Köche,
die Franzosen Mechaniker,
die Schweizer Liebhaber,
und organisiert wird das Ganze
von den Italienern.

Eine Zeitschrift hat Wissenschaftler verschiedener Nationen um Beiträge für eine Sondernummer über das Thema „Elefanten" gebeten. Dies waren die Titel der Beiträge:

- Der Franzose: „Das Liebesleben der Elefanten"
- Der Brite: „Eine Geschichte des Londoner Elefantenclubs"
- Der Amerikaner : „Elephants – How to make them bigger and better"
- Der Italiener: „Der Elefant in Verdis Opern"
- Der Deutsche: „Der Elefant in philosophischer, ethischer und kultureller Hinsicht mit besonderer Berücksichtigung der Elefantitis" (Vorabdruck eines auf 77 Bände berechneten Werkes)
- Der Däne: „Elefant auf hundert Arten. Ein Kochbuch"
- Der Österreicher: „Erinnerungen eines Elefanten an das alte Burgtheater"

D Interkulturelle Kommunikation im beruflichen Alltag

Kontaktgespräch zwischen Mitarbeitern eines Unternehmens im eigenen Land

1. Lesen Sie die Situationsbeschreibung. Wie würde ein solches Gespräch zwischen Mitarbeitern bzw. Mitarbeiterinnen in Ihrem Land verlaufen? Berücksichtigen Sie die Fragen unten und diskutieren Sie im Kurs.

Situation: Herr X, der neue Direktor der Niederlassung eines Unternehmens, hat einen ersten Gesprächs-termin mit Herrn Y, dem Leiter der Vertriebsabteilung, den er noch nicht persönlich kennt.
Herr Y war am erfolgreichen Aufbau dieser Niederlassung maßgeblich beteiligt und hatte selbst auf die Ernennung zum Direktor hoffen können.
Herr X ist erst vor wenigen Tagen mit seiner Familie in dieser Region angekommen.
Sachlicher Anlass für dieses Gespräch: Herr X möchte sich möglichst schnell einen Überblick über die Marktlage verschaffen und braucht die Liste aller Anbieter (Konkurrenten) im Pro-duktbereich des Unternehmens und deren Marktanteile sowie eine Liste aller Hauptab-nehmer (Kunden) mit detaillierten Angaben zur Umsatzentwicklung.

▶ Welche Ziele werden beide Gesprächspartner bei dem Gespräch verfolgen?
▶ Wie viel Zeit wird Herr X (neuer Direktor) für dieses Gespräch einplanen?
▶ Wie wird er Herrn Y (Leiter der Vertriebsabteilung) empfangen?
▶ Welche Themen werden beide Gesprächspartner ansprechen bzw. vermeiden?
▶ Werden sie persönliche Themen ansprechen? Wann (ungefähr) im Gespräch?
▶ Wann/Wie werden sie zum sachlichen Anlass des Gesprächs kommen?
▶ Wie wird Herr X seine Frage nach den Unterlagen, die er benötigt, äußern?
▶ Wie wird Herr Y auf diesen Auftrag reagieren?
▶ Wie werden sie das Gespräch abschließen?
▶ Wie werden sie sich verabschieden?
▶ Durch welche nonverbalen Signale (z. B. Aufstehen, Entgegengehen, Sitzordnung, Gesten, Handlungen während des Gesprächs) werden beide Gesprächspartner vielleicht ihre Rollen und Absichten verdeut-lichen?

2. Spielen Sie die Szene und führen Sie das Gespräch mit einem Partner oder einer Partnerin.

3. Beurteilen Sie gemeinsam das Gespräch: Entsprach der Verlauf Ihren Erfahrungen in ähnlichen Gesprächssituationen (in Ihrem Land)? Machen Sie alternative Vorschläge zum Ablauf.

Kontaktgespräch zwischen Mitarbeitern aus verschiedenen Kulturen

1. **Sehen Sie sich eine Videosequenz an. Wie schätzen Sie die Chancen für die zukünftige Zusammenarbeit zwischen den beiden Mitarbeitern ein? Diskutieren Sie im Kurs.**

Situation: Die Videosequenz zeigt einen Sketch, in dem ein Gespräch zwischen dem neuen deutschen Direktor der Niederlassung eines deutschen Unternehmens in den USA, Herrn Weber, und einem amerikanischen Mitarbeiter, Herrn Gregory, stattfindet.

2. **Lesen Sie das Gespräch.**

WE = Herr Weber   GR = Herr Gregory

1		[die Uhr zeigt 10.05; GR klopft an]
2	WE	*Yes!*
3	GR	[tritt ein, nickt] *Hello!*
4	WE	[kommt ihm entgegen]
5	GR	*How are you this morning Mr. Weber?* [Handschlag]
6	WE	*Fine, thank you Mr. Gregory.*
7	GR	*Nennen Sie mich Bob!* [ergreift Mr. Weber am Unterarm]
8	WE	*Bitte.* [weist mit einer Hand zum Stuhl; beide setzen sich]
9	GR	[lächelt] *Sehr viel Wind heute.* [lächelt] *Mögen Sie den Wind?*
10	WE	[wiegt mit dem Kopf]
11	GR	*Eh, Chicago heißt ‚the windy city'. Man sagt, wer das Lied des Windes versteht, der geht nie wieder von hier weg.* [lächelt]
12	WE	[bewegt sich in seinem Sessel nach vorn] *Sie sind spät, Mr. Gregory.* [ergreift Brille und Besprechungsunterlagen]
13	GR	[guckt auf seine Uhr] *Oh ja, paar Minuten. Tut mir leid, Harald.*
14	WE	[schaut auf, stoppt Blättern in Vorlagenmappe, nimmt Brille in die rechte Hand] *Als Grundlage unserer Zusammenarbeit wünsche ich mir Pünktlichkeit. 10 Uhr heißt bei mir 10 Uhr, und nicht 10 Uhr 5, okay?*
15	GR	*Also, ich schulde Ihnen 5 Minuten.* [schlägt mit Hand auf Knie]. *Sorry. Ich werde sie Ihnen zurückgeben.*
16	WE	[schaut GR über Brillenrand an, schaut wieder runter] *Mr. Gregory, ich brauche von Ihnen erstens die Liste aller Anbieter hier in Chicago, zweitens die Liste der Anbieter in Illinois, Indiana und Iowa.*
17	GR	[rückt an den Schreibtisch von WE heran, stützt Unterarm auf]
18	WE	*Und dann brauche …* [schaut GR an] *Und dann brauche ich die Liste unserer Hauptabnehmer in der gleichen Reihenfolge und … äh … eine Liste unserer Vertreter in den anderen Staaten des Mittleren Westens.*
19	GR	[klopft auf den Tisch, grinst] *Haben Sie einen Blitzkrieg vor, Harald?*
20	WE	[schaut GR an, nimmt Brille ab] *Und diese Aufstellungen brauche ich bis morgen 10 Uhr. Denn ich nehme sie mit nach Cedar Rapids und Iowa City. Noch Fragen?*
21	WE	[steht auf]
22	GR	[steht zögernd auf, steckt linke Hand in die Hosentasche] *Eh, ihrer Familie, gefällt es hier in Chicago?*
23	WE	*Selbstverständlich, Mr. Gregory.* [grinst]
24	GR	[holt Luft, wendet sich um, geht zur Tür]
25	WE	[setzt sich, setzt Brille auf, schaut in die Unterlagen]
26	GR	[bleibt an der Tür stehen und dreht sich um, holt Luft, schaut zu WE, atmet wieder aus, öffnet die Tür] *See you later.* [geht hinaus]
27	WE	[blickt auf die geschlossene Tür, nimmt kurz die Brille ab, studiert die Unterlagen weiter]

a Zu welchen Gesprächsphasen gehören die Gesprächsbeiträge bzw. Reaktionen der beiden Gesprächspartner? Notieren Sie 3–27.

Gesprächsphase	3–27
1. Begrüßung	
2. Smalltalk	
3. Thema: Zusammenarbeit	

Gesprächsphase	3–27
4. Thema: Anweisungen/Aufgaben	
5. Gesprächsabschluss	
6. Verabschiedung	

b Wo gibt es Beispiele für Phasen- oder Themenwechsel des einen Gesprächspartners, die vom anderen nicht übernommen werden? Nennen Sie Beispiele.

3. Arbeiten Sie zu zweit. Übernehmen Sie jeweils die Rolle eines der beiden Gesprächspartner und kommentieren Sie den Ablauf des Gesprächs aus Ihrer Sicht.

▶ Was war Ihre Absicht? An welcher Konvention haben Sie sich orientiert?

▶ Was haben Sie (nicht) erwartet? Welche Reaktionen Ihres Gesprächspartners haben Sie überrascht, gestört oder geärgert? Wie haben Sie sie interpretiert?

1	[Die Uhr zeigt 10.05. GR klopft an.]	
GR: *Wir Amerikaner schätzen Genauigkeit und Pünktlichkeit, aber wir machen daraus kein Prinzip. Eine Stoppuhr muss auf die 100stel Sekunde pünktlich sein, bei einem Gesprächstermin nimmt man das bei uns nicht auf die Minute genau.*		WE: *Gerade bei einem ersten Termin erwarte ich, dass ein Mitarbeiter auf die Minute pünktlich erscheint, denn Unpünktlichkeit ist ein Zeichen von Unzuverlässigkeit. Je genauer man Termine einhält, desto besser können alle ihre Zeit nutzen.*
2	WE „Yes!"	
WE: *In Deutschland sagt man oft „Ja (bitte).", wenn jemand klopft.*		GR: *Ich habe zwar verstanden, was er meint, aber so sagt man das hier nicht. Das klingt für mich …*
3	GR [tritt ein, nickt]: „Hello!"	
GR: *Das ist bei uns die übliche Begrüßungsformel zwischen Mitarbeitern im Unternehmen.*		WE: *Das empfinde ich als …*
4	…	

Eigene Gesprächsbeiträge und Verhaltensweisen erklären

- *Ich wollte damit signalisieren / zeigen / deutlich machen, dass …*
- *Damit habe ich versucht, ein positives Gesprächsklima zu schaffen / die Situation zu entspannen / zur Sache zu kommen / …*
- *Bei uns ist es üblich, dass … / gilt die Regel, dass …*
- *… wird bei uns als höflich/respektvoll/angemessen/korrekt/professionell empfunden.*
- *Ich habe so reagiert, weil es mich geärgert/verunsichert/überrascht hat, dass …*

Gesprächsbeiträge, Verhaltensweisen des Partners kommentieren

- *Ich erwarte in solchen Situationen (nicht), dass …*
- *… wird bei uns als unhöflich/respektlos/unangemessen/unprofessionell empfunden.*
- *… – für mich ist das ein Zeichen von … / dafür, dass …*
- *… – das empfinde ich als …*
- *Wenn jemand …, habe ich den Eindruck / das Gefühl, dass …*
- *Es hat mich gestört/geärgert/überrascht/verunsichert, dass …*
- *Ich empfand es als respektlos/unfreundlich/unangebracht/verletzend/…, als Sie …*

Ursachen von Missverständnissen in der interkulturellen Kommunikation

1. Welche der folgenden Ursachen von Missverständnissen in der interkulturellen Kommunikation kann man in dem Gespräch zwischen Herrn Weber und Herrn Gregory beobachten?

a Notieren Sie die Nummer der Gesprächsbeiträge (1–27).

Ursachen von Missverständnissen	1–27
Die Gesprächspartner …	
1. verbinden mit einem bestimmten Wort unterschiedliche Bedeutungen.	
2. drücken eine bestimmte Absicht anhand unterschiedlicher sprachlicher Formen aus.	
3. drücken eine bestimmte Absicht unterschiedlich direkt aus.	
4. haben unterschiedliche Erwartungen an den „normalen" Ablauf des Gesprächs.	
5. haben unterschiedliche Erwartungen im Hinblick auf die Gesprächsthemen.	
6. verwenden unterschiedliche Register in einer bestimmten Gesprächssituation.	
7. haben unterschiedliche Vorstellungen über die angemessene Etikette.	
8. verbinden mit einer bestimmten Stimm-/Tonlage unterschiedliche Bedeutungen.	
9. verbinden mit einem Zeichen unterschiedliche Bedeutungen.	
10. orientieren sich in ihrem Handeln und Verhalten an unterschiedlichen Werten.	

b Erläutern Sie Ihre Antworten.

- *Herr WE/GR erwartet/findet normal, dass …, während Herr GR/WE …*
- *Für Herrn WE/GR bedeutet das Wort …, … Herr GR/WE dagegen meint damit wahrscheinlich so etwas wie …*
- *Herr WE/GR ist sich nicht bewusst, dass … von Herrn GR/WE als … empfunden wird.*
- *Herr WE/GR möchte zeigen / deutlich machen / signalisieren, dass … Doch Herr GR/WE hat den Eindruck, dass …*

2. Welche Vorurteile werden durch diese erste Begegnung möglicherweise aufgebaut? Welche Stereotype werden vielleicht bestätigt? Welche Konsequenzen können sie für die weitere Zusammenarbeit haben?

Text 2

Teil III

Kulturbedingte Kommunikationsprobleme mit deutschen Partnern und Partnerinnen

A Eigene Erfahrungen

B Erfahrungen von Vertretern anderer Kulturen

A Eigene Erfahrungen

1. Beschreiben Sie Gespräche, die Sie in Ihrem beruflichen Alltag mit deutschen Partnern oder Partnerinnen zu führen haben.

Gesprächstypen
Bei der sprachlichen Interaktion orientieren sich die Gesprächspartner an bestimmten „Rahmen", die den Ablauf des Gesprächs und das Rollenverhalten der Gesprächspartner vorsehen. Die folgenden Gesprächstypen sind Beispiele solcher „Rahmen".

a Lesen Sie die Definitionen von Gesprächstypen auf der nächsten Seite.

b Notieren Sie in der Tabelle Angaben über Gespräche mit deutschen Gesprächspartnern, die zu Ihrer beruflichen Tätigkeit gehören.

Gesprächstyp	Gesprächspartner	Häufigkeit		
		regelmäßig	oft	manchmal
		☐	☐	☐
		☐	☐	☐
		☐	☐	☐
		☐	☐	☐
		☐	☐	☐

c Berichten Sie im Kurs über diese Gespräche und bestimmen Sie gemeinsam die Gesprächstypen, die für die Mehrheit der Kursteilnehmer zum beruflichen Alltag gehören.

1. Abstimmungsgespräch

Gleichberechtigte Gesprächsteilnehmer vereinbaren informell Vorgehensweisen, Termine, Bedingungen usw.

2. Besprechung

Formal organisiertes, zielgerichtetes Gespräch (in der Regel mit Tagesordnung, Gesprächsleitung), um Informationen- bzw. Meinungen auszutauschen, Entscheidungen zu fällen, Handlungspläne zu entwickeln usw.

3. Verkaufsgespräch

Ziel des Gesprächs ist der Verkauf bzw. Kauf von Waren oder Dienstleistungen.

4. Verhandlung

Entscheidungsorientiertes Gespräch, bei dem die Verhandlungspartner versuchen, ihre unterschiedlichen Interessen durchzusetzen, allerdings mit dem Ziel, eine für alle akzeptanzfähige Lösung zu erreichen.

5. Konfliktgespräch

Die direkt Betroffenen und ggf. unbeteiligte Dritte versuchen, Konflikte zu lösen, die sich bei der Zusammenarbeit ergeben haben.

6. Bewerbungsgespräch

Der/Die Bewerber/in für eine Stelle oder Funktion gibt Auskünfte auf gezielte Fragen zu Person, Ausbildung, Karriere, beruflichen Zielen usw.

7. Mitarbeitergespräch

Formalisiertes Gespräch zwischen Vorgesetzten und ihnen unterstellten Mitarbeitern (u. a.) zur Beurteilung vergangener Aktivitäten, Festlegung zukünftiger Ziele und Aktivitäten, Planung der beruflichen Weiterentwicklung des Mitarbeiters usw.

8. Alltagsgespräche

Gespräch über nichtberufliche Alltags- bzw. Standardthemen mit dem Ziel, den sozialen Kontakt herzustellen bzw. aufrechtzuerhalten und die gegenseitige Wertschätzung zu bestätigen.

9. Routinekontakte

Als Routinekontakte werden hier Gesprächsformen bezeichnet, die sich spontan im Rahmen der beruflichen Tätigkeit und Zusammenarbeit ergeben und die so in berufliche Vorgänge eingebettet sind, dass dabei häufig bestimmte Gesprächsphasen (z. B. einleitende und abschließende Gesprächsphasen, Erklärungen zu Anlass und Gegenstand) teilweise oder völlig entfallen können.

Zum Beispiel Gespräche mit Mitarbeitern des eigenen Unternehmens oder mit externen Gesprächspartnern, bei denen Sie …

- den Erstkontakt herstellen und sich vorstellen;
- Besucher und Gäste des Unternehmens empfangen;
- Informationen und Auskünfte einholen, anfordern, geben oder weiterleiten;
- über Ereignisse, Vorfälle, Vorhaben oder Ergebnisse berichten;
- Anweisungen erteilen, entgegennehmen oder weiterleiten;
- Bericht über die Ausführung von Aufgaben und Aufträgen erstatten;
- Termine absprechen, festlegen oder ändern;
- Vorgehensweisen, Aufgaben und Aufträge planen oder besprechen;
- Entscheidungen vorbereiten und treffen;
- Probleme klären und Lösungen besprechen;
- Buchungen, Bestellungen und Aufträge entgegennehmen oder tätigen;
- Nachfragen, Beschwerden und Anmahnungen entgegennehmen oder vorbringen.

10. Telefongespräch

Bei vielen der Gesprächstypen (1–9), insbesondere bei Routinekontakten, bedient man sich häufig auch des Telefons. Telefongespräche haben in der Regel standardisierte Abläufe und enthalten viele Routineformeln.

(nach: Weber, Becker, Laue)

2. Bereiten Sie ein solches Gespräch mit Ihren deutschen Partnern und Partnerinnen vor.

a   Wählen Sie gemeinsam einen Gesprächstyp aus (siehe Aufgabe 1.c) und stellen Sie wichtige Informationen für ein Gespräch zusammen.

Informationen	
Gesprächstyp	
Kontext/Situation (Wo? Wann?)	
wichtige Sachinformationen	
Gesprächspartner	
Funktion / hierarchische Position	
Beziehung zwischen den Gesprächspartnern	
Gesprächsanlass	
Gesprächspunkte	
Gesprächsziele	

b   Arbeiten Sie in zwei Gruppen. Bereiten Sie das Gespräch in den Rollen der beiden Gesprächspartner vor.

Gruppe A: Gesprächspartner aus Ihrem Land
Orientieren Sie sich an den Konventionen, die bei Ihnen für diesen Gesprächstyp gelten:
► Planen Sie Abfolge und Inhalt der Gesprächsphasen.
► Notieren Sie Stichworte zu Themen und Gesprächspunkten, die Sie in den verschiedenen Phasen ansprechen werden oder die Sie erwarten.
► Notieren Sie Formulierungen (auf Deutsch), die Gesprächspartner Ihres Landes im gegebenen Kontext verwenden.

Gruppe B: Gesprächspartner aus Deutschland
Orientieren Sie sich an der Gesprächsführung, die Sie bei Ihren deutschen Partnern beobachtet haben:
► Planen Sie Abfolge und Inhalt der Gesprächsphasen.
► Notieren Sie Stichworte zu Themen und Gesprächspunkten, die Sie in den verschiedenen Phasen erwarten oder die Sie selbst ansprechen werden.
► Notieren Sie Formulierungen, die Sie im gegebenen Kontext häufig bei Ihren deutschen Gesprächspartnern gehört haben.

Gesprächsphase	Stichworte	Formulierungen
1. Begrüßung		
2. Vorstellung		

3. Führen Sie das Gespräch.

a   Zwei (oder entsprechend mehrere) Kursteilnehmer der Gruppe A und B führen das Gespräch. Berücksichtigen Sie dabei die folgenden Vorgaben.

Rolle(n) A: Gesprächspartner aus Ihrem Land
Sie agieren und reagieren so, wie es Ihren eigenen Konventionen und Erwartungen entspricht und wie es Ihnen im gegebenen Kontext und je nach Entwicklung des Gesprächs natürlich erscheint.

Rolle(n) B: Gesprächspartner aus Deutschland
Sie orientieren sich bei der Interpretation Ihrer Rolle möglichst an den Vorgehensweisen, Verhaltensweisen und Reaktionen, die Sie bei Ihren deutschen Partnern beobachtet haben.

b   Die anderen Kursteilnehmer beobachten den Gesprächsverlauf und die Verhaltensweisen der Gesprächspartner.

c   Besprechen Sie gemeinsam den Gesprächsverlauf. Machen Sie Vorschläge für Änderungen zu dem Vorgehen, Verhalten und der Gesprächsführung der Gesprächspartner, um den Gesprächsverlauf möglichst wirklichkeitsnah zu gestalten. Beachten Sie dabei auch nonverbale Aspekte.

d   Führen Sie das Gespräch in entsprechend veränderter Form gegebenenfalls noch einmal.

4. Analysieren Sie den Gesprächsverlauf im Hinblick auf kulturbedingte Kommunikationsprobleme.

a   Wo werden unterschiedliche Erwartungen der Gesprächspartner im Hinblick auf Ablauf, Inhalt und Form des Gesprächs deutlich? Wo kommt es zu Missverständnissen? Diskutieren Sie im Kurs.

b   Gab es in dem Gespräch Beispiele für Probleme, die häufig in der interkulturellen Kommunikation auftreten (vgl. Teil II D, S. 26)? Kreuzen Sie an.

Probleme, die häufig in der interkulturellen Kommunikation auftreten

Beide Gesprächspartner …

1. verbinden mit einem bestimmten Wort unterschiedliche Bedeutungen. ☐

2. drücken eine bestimmte Absicht anhand unterschiedlicher sprachlicher Formen aus. ☐

3. drücken eine bestimmte Absicht unterschiedlich direkt aus. ☐

4. haben unterschiedliche Erwartungen an den „normalen" Ablauf des Gesprächs. ☐

5. haben unterschiedliche Erwartungen im Hinblick auf die Gesprächsthemen. ☐

6. verwenden unterschiedliche Register in einer bestimmten Gesprächssituation. ☐

7. haben unterschiedliche Vorstellungen über die angemessene Etikette. ☐

8. verbinden mit einer bestimmten Stimm- oder Tonlage unterschiedliche Bedeutungen. ☐

9. verbinden mit einem Zeichen unterschiedliche Bedeutungen. ☐

10. orientieren sich in ihrem Handeln und Verhalten an unterschiedlichen Werten. ☐

5. Bearbeiten Sie zu den identifizierten Problemen die entsprechenden Aufgaben in Teil IV.

Problem	wird behandelt in …	
	Teil IV	Titel
1	A	Gleiches Wort – unterschiedliche Bedeutungen
2–3	B	Gleiche Absicht – unterschiedliche Realisierungen
4–5	C	Gleicher Gesprächstyp – unterschiedliche Abläufe und Themen
6	D	Gleiche Gesprächssituation – unterschiedliche Register
7	E	Gleiche Gesprächssituation – unterschiedliche Etikette
8–9	F	Gleiche Sprechweise, gleiche Zeichen – unterschiedliche Bedeutungen
10	G	Unterschiedliche Werte, unterschiedliche Einstellungen

➜ Ausgewählte Aufgaben in Teil IV

6. Erproben Sie alternative Strategien in interkulturellen Kommunikationssituationen.

a Welche der Strategien erscheinen Ihnen geeignet, um die kulturbedingten Kommunikationsprobleme, die Sie im Gespräch (Aufgabe 4) identifiziert haben, zu beheben oder zu vermeiden?

Strategien

1. Sie versuchen, das eigene Kommunikationsverhalten an die Konventionen und Erwartungen des Gesprächspartners anzupassen.

2. Sie sprechen über Ihre eigenen, unterschiedlichen Konventionen und Erwartungen, damit der Gesprächspartner sich darauf einstellen kann.

3. Sie erklären Ihre eigenen, unterschiedlichen Konventionen und Erwartungen und fordern den Gesprächspartner auf, sich daran anzupassen bzw. sie zu übernehmen.

4. Sie weisen auf unterschiedliche Konventionen und Erwartungen auf beiden Seiten hin und handeln mit Ihrem Gesprächspartner einen Konsens für das weitere Vorgehen aus.

5. Sie unternehmen „nichts". Aber Sie gehen davon aus, dass Ihr Verständnis der (interkulturellen) Kommunikationsprozesse und das Bewusstsein unterschiedlicher Konventionen und Erwartungen auf beiden Seiten Ihnen erlauben, besser mit solchen Situationen umzugehen, Missver-
ständnisse zu vermeiden oder zu klären.

---

b **Besprechen Sie Ihre Antworten. Berücksichtigen Sie dabei die folgenden Fragen.**
▶ Inwieweit kann man mit einer Bereitschaft der Gesprächspartner rechnen, interkulturelle Kommuni-
kationsprobleme explizit anzusprechen?
▶ Wie ist das Machtverhältnis zwischen den Gesprächspartnern beschaffen?
▶ In welcher Beziehung (hierarchisch, formell, persönlich usw.) stehen die Gesprächspartner zueinander?
▶ Welche kurzfristigen und langfristigen Interessen bestehen auf beiden Seiten?

c **Bereiten Sie ein alternatives Gespräch zwischen den Gesprächspartnern A und B vor. Notieren Sie,
was der Gesprächspartner A dabei besonders beachten bzw. welche Formulierungen er dabei verwenden sollte.**

Gesprächsphase	Besonders beachten	Formulierungen

d **Führen Sie das Gespräch.**

**7. Bearbeiten Sie eine weitere Gesprächssituation aus Ihrem beruflichen Alltag (Aufgabe 1.c).
Wiederholen Sie die Aufgabenschritte in den Aufgaben 2 bis 6.**

B Erfahrungen von Vertretern anderer Kulturen

1. Wählen Sie eines der folgenden Fallbeispiele.
Welche kulturbedingten Missverständnisse oder Kommunikationsprobleme werden beschrieben? Kreuzen Sie in der Liste an.

Fallbeispiel Nr. _____

Probleme, die häufig in der interkulturellen Kommunikation auftreten	
Beide Gesprächspartner …	
1. verbinden mit einem bestimmten Wort unterschiedliche Bedeutungen.	☐
2. drücken eine bestimmte Absicht anhand unterschiedlicher sprachlicher Formen aus.	☐
3. drücken eine bestimmte Absicht unterschiedlich direkt aus.	☐
4. haben unterschiedliche Erwartungen an den „normalen" Ablauf des Gesprächs.	☐
5. haben unterschiedliche Erwartungen im Hinblick auf die Gesprächsthemen.	☐
6. verwenden unterschiedliche Register in einer bestimmten Gesprächssituation.	☐
7. haben unterschiedliche Vorstellungen über die angemessene Etikette.	☐
8. verbinden mit einer bestimmten Stimm- oder Tonlage unterschiedliche Bedeutungen.	☐
9. verbinden mit einem Zeichen unterschiedliche Bedeutungen.	☐
10. orientieren sich in ihrem Handeln und Verhalten an unterschiedlichen Werten.	☐

Fallbeispiel 1

Die erste Besprechung

(Wiedergabe aus der Perspektive von Herrn Dr. Berghoff)

Herr Dr. Berghoff wurde nach X (in Asien) versetzt. Er soll dort als Direktor die deutsche Niederlassung eines großen Unternehmens leiten. Am zweiten Arbeitstag lädt er seine direkt unterstellten Abteilungsleiter zu einer ersten Arbeitsbesprechung ein. Er hat sich zur ersten Orientierung eine Reihe allgemeiner, jedoch wichtiger Informationsfragen notiert.

5   Nach der Begrüßung und einigen kurzen, einführenden Worten stellt er die vorbereiteten Fragen. Die Mitarbeiter antworten nur sehr zögernd und relativ vage. Herr Dr. Berghoff weiß, dass alle Besprechungsteilnehmer gut deutsch sprechen, kann aber nicht ausschließen, dass seine Aussprache oder sein Sprechtempo ihnen, bei dieser ersten Begegnung, Probleme bereiten. Er wiederholt deshalb seine Fragen und bemüht sich dabei, einfache Formulierungen zu verwenden und langsam und deutlich zu sprechen.

10   Die Antworten bleiben jedoch weiterhin zögernd und ungenau. Es gelingt ihm nicht, die ausweichenden Blicke der Mitarbeiter einzufangen.

So schlägt Herr Dr. Berghoff vor, den jeweils zuständigen Mitarbeitern die Fragen schriftlich zuzustellen, und fordert sie zu einer entsprechend detaillierten Vorbereitung der Antworten für eine nächste Besprechung auf. Nach einem wiederholten Blick auf seine Uhr geht er dann zum Hauptpunkt der Tagesordnung

15   über und präsentiert die neuen Orientierungen der Unternehmenspolitik. Die Mitarbeiter folgen aufmerksam, nehmen aber die Gelegenheit zu ergänzenden Fragen am Ende seines Vortrags nicht wahr. Obgleich nicht ganz zufrieden mit dem Verlauf der ersten Sitzung, kündigt Herr Dr. Berghoff am Ende an, dass er alle nach der Arbeit in ein kleines Lokal einladen möchte, damit man sich auch persönlich etwas besser kennen lernen könne.

(nach: Müller-Jacquier, Bernd)

Fallbeispiel 2

Das Wiedersehen am nächsten Morgen

(Wiedergabe aus der Perspektive der tschechischen Standmitarbeiter)

Eine Gruppe von Tschechen ist zusammen mit dem für sie zuständigen deutschen Verantwortlichen ihrer Firma auf einer Messe. Am Abend sitzen alle zusammen, trinken und unterhalten sich angeregt bis gegen zwei Uhr früh. Bei der Verabschiedung tröstet der Deutsche: „Ein Glück, dass es vor halb zehn ja sowieso meistens keine Besucher gibt."

5 Am nächsten Morgen kommen die Tschechen statt wie sonst um 8.30 Uhr erst um 9.30 Uhr an ihren Messestand. Der Deutsche ist bereits seit acht Uhr dort und fragt: „Warum kommen Sie erst jetzt? Das geht nicht, dass Sie nachts trinken und dann die Arbeit vernachlässigen!"
Die tschechischen Kollegen waren erstaunt: Na ja, die Stunde … und es gibt ohnehin kaum Besucher, denn die Messe öffnet erst um neun Uhr ihre Tore.

(nach: Schroll-Machl, Sylvia)

Fallbeispiel 3

Die Verhandlung

Walter Schuster, Mitarbeiter der Exportabteilung eines mittelständischen deutschen Elektrounternehmens, ist gerade von einer Geschäftsreise nach Kyoto in Japan zurückgekehrt. Bei einem Gespräch mit seinem Kollegen, Jürgen Magnus, berichtet er über den Verlauf der Verkaufsverhandlungen mit den japanischen Partnern.
(Wiedergabe aus der Perspektive von Walter Schuster)

Magnus: Und …? Wie war's in Kyoto? Konntest du was mit deinen neuen Japanischkenntnissen anfangen?
Schuster: Na ja, die paar Worte Japanisch haben mir schon geholfen. Aber das meiste ging natürlich auf Englisch. Doch irgendwie ist nichts so gelaufen, wie ich es mir vorgestellt hatte. Wir mussten deutlich mit dem Preis runtergehen.
5 *Magnus:* Das war aber bei der Marktlage eigentlich nicht zu erwarten. Waren die Japaner so hart bei den Verhandlungen?
Schuster: Tja, also … Als ich nach den üblichen einleitenden Worten dann dem Herrn Tung unseren Angebotspreis eröffnete, fand er ihn einfach indiskutabel, das war sofort klar.
Magnus: Wieso? Was hat der denn gesagt?
10 *Schuster:* Na eben, gar nichts. Der hat einfach da gesessen, mit einem ernsten und, ich würd mal sagen, nicht sehr freundlichen Gesicht und hat mich braten lassen!
Magnus: Hmm …
Schuster: Na ja, wir hatten uns ja schon darauf eingerichtet, dass wir da was nachlassen würden. Da hab ich ihm dann fünf Prozent Minus angeboten.
15 *Magnus:* Das geht doch noch … das war ja noch nicht an der Schmerzgrenze.
Schuster: Tja, das fand der wohl auch, denn er hat ziemlich überrascht ausgeschaut und weiter geschwiegen, bis ich dann noch mal um fünf Prozent runtergegangen bin.
Magnus: Zehn Prozent! Hmm … und dann?
Schuster: Also, reagiert hat der da auch noch nicht sofort – aber ich konnte ja auch nicht noch mehr nach-
20 lassen … Und ich dachte schon, da wird überhaupt nichts mehr draus … Und dann hat er gelächelt und das Angebot angenommen. Ich hatte beinah das Gefühl, als wär's gewesen, um mir einen Gefallen zu tun!
Magnus: Na ja. Zumindest haben wir den Vertrag. Du solltest zufrieden sein.

(nach: Butscher)

Fallbeispiel 4

Gastfreundschaft

(Wiedergabe aus der Perspektive der russischen Bekannten)

Die russische Mitarbeiterin in einer deutschen Firma in Deutschland wird in eine andere Stadt versetzt. Da sie an ihrem früheren Arbeitsort (deutsche) Freunde gefunden hat, fährt sie ab und zu übers Wochenende zu diesen Freunden zu Besuch. Sie wird dabei jedoch das Gefühl nicht los, dass sie diesen Freunden lästig ist. Zwar wird sie immer herzlich begrüßt, und die Freunde sagen jedes Mal, wie sehr sie sich freuen,
5 sie wieder zu sehen, doch dann überlegen sie sich in ihrer Anwesenheit ungeniert, was jeder am Wochenende machen muss oder will.

Sie stellen daraufhin jeder für sich ihr eigenes Programm zusammen und fragen ihren russischen Gast allenfalls: „Willst du mitmachen?" Wenn sie etwas zu erledigen haben, tun sie das auch und lassen ihre russische Freundin dann allein: „Du kannst ja solange einkaufen gehen oder etwas anderes machen –
10 du kennst dich ja in der Stadt aus."

(nach: Schroll-Machl, Sylvia)

Fallbeispiel 5

Verhandlungsgespräch

Ein deutsches und ein französisches Unternehmen der pharmazeutischen Industrie planen eine engere Zusammenarbeit. Die französische Unternehmensleitung ist zu ersten Gesprächen nach Deutschland gereist. Beide Seiten wollen sich kennen lernen und herausfinden, ob ihre Vorstellungen über das Gesamtkonzept einer Zusammenarbeit bei der Entwicklung, der Herstellung und dem Vertrieb eines neuen Produktes übereinstimmen.

Das folgende Skript gibt sinngemäß eine Sequenz der Verhandlungsgespräche am Nachmittag des ersten Tages wieder.

D = Verhandlungsführer auf deutscher Seite   F = Verhandlungsführer auf französischer Seite

D: Es wäre auch wichtig, dass wir die Frage des Standorts für die neue Abteilung F&E klären.
F: Dafür wird sich sicher zur geeigneten Zeit die richtige Lösung finden …
D: Sie hätten also prinzipiell nichts dagegen einzuwenden, wenn diese Abteilung in unseren Räumlichkeiten in Kassel aufgebaut würde?
5 F: Nun … das wäre eventuell eine mögliche Lösung, aber eine solche Entscheidung würde eine Reihe von Vorstudien erfordern, Vor- und Nachteile, notwendige Mittel usw.
D: Damit haben Sie völlig recht: Herr Dr. Krause hat sich eingehender mit dieser Frage beschäftigt. Wir können in unserer Niederlassung in Kassel 500 m^2 fertig ausgestatteter Laborräume anbieten, dazu entsprechende Wohnungen und die üblichen Kommoditäten für Ihre Ingenieure. Herr Dr. Krause hat alle diesbe-
10 züglichen Unterlagen zusammengestellt: Wenn Sie da mal einen Blick …
F: Mir scheint es wirklich verfrüht, sich jetzt mit dieser Frage zu beschäftigen. Es geht doch erst mal um ganz andere Dinge!
D: Ich meine, solange wir nicht konkret werden, lässt sich doch gar nicht absehen, was machbar ist … und ob sich das Ganze lohnt.
15 F: Das sehe ich etwas anders, aber … Im Übrigen hatten wir selbst die Möglichkeit erwogen, diese Entwicklungsabteilung in Dijon anzusiedeln …
D: Selbstverständlich … Wenn Sie uns da was zeigen können, dann können wir da sicher schnell zu einer Entscheidung kommen.
F: Also, soweit sind unsere Vorstellungen noch nicht ausformuliert. Aber sobald wir zu einer grundsätz-
20 lichen Einigung gekommen sind, machen wir Ihnen präzise Vorschläge.

D: Wissen Sie, wir sind gezwungen, ziemlich kurzfristig über die Nutzung unserer Laboreinrichtungen in Kassel zu entscheiden … die können wir ja nicht leer stehen lassen! Natürlich, wenn Sie da entscheidungsreife Gegenvorschläge haben … Aber sonst wäre es doch in diesem Fall das Einfachste, unser Angebot festzuhalten.

25 F: Hmm … Also sicher sollten wir den Fortgang der Gespräche nicht noch weiter durch diese Frage verzögern. Prinzipiell sind wir bereit, die von Ihnen vorgeschlagene Lösung in Betracht zu ziehen. Aber kommen wir doch dann bitte zum Thema zurück …

D: Wir gehen also von Ihrem Einverständnis aus … Wir hatten uns auf eine Aufteilung der Entwicklungskosten 50 zu 50 geeinigt. Wir schlagen Ihnen vor, die Bereitstellung der Laboreinrichtungen und die entspre-
30 chenden übrigen Kosten für 20 % unseres Anteils bei den Entwicklungskosten in Rechnung zu stellen. Außerdem …

Sowohl die französische wie die deutsche Seite stellte sich am Abend dieses ersten Verhandlungstags sehr ernsthaft die Frage, ob sie die Gespräche weiterführen sollte.

(nach: Eismann, Volker)

2. **Bearbeiten Sie zu den Problemen, die Sie identifiziert haben, die entsprechenden Aufgaben in Teil IV. Orientieren Sie sich an der Übersicht in Aufgabe A 5, Seite 31.**

→ Ausgewählte Aufgaben in Teil IV

3. **Wählen Sie ein weiteres Fallbeispiel aus und bearbeiten Sie es.**

Konventionen
bei der Kommunikation

A ▌ Gleiches Wort – unterschiedliche Bedeutungen

Missverständnisse in der interkulturellen Kommunikation können entstehen, weil man davon aus-
geht, dass …
- Wörter, die in beiden Sprachen gleich klingen oder gleich geschrieben werden, in der jeweils
  anderen Sprache die gleiche Bedeutung haben wie in der eigenen (sog. „falsche Freunde").
  Dies ist aber häufig nicht der Fall.
- die Bedeutung eines Wortes in der einen Sprache durch das entsprechende Wort der anderen
  Sprache mit allen Bedeutungsnuancen übersetzt wird. Meistens ist es jedoch so, dass auch ein
  (laut Wörterbuch) „richtig übersetztes" Wort je nach Verwendungskontext in beiden Sprachen
  unterschiedliche Bedeutungen haben kann.

Wörter mit für beide Gesprächspartner unterschiedlichen Bedeutungen

◉ ▶3–6 **1. Lesen Sie die Situationsbeschreibung und hören Sie vier Gespräche. Erklären Sie die Bedeutung,
die die beiden Gesprächspartner anscheinend mit den genannten Wörtern verbinden.**

▌ **Situation:** Ein Deutscher (D) unterhält sich mit einem Angehörigen einer anderen Kultur (A). Die Kommunikationssprache ist Deutsch. Bestimmte Wörter haben allerdings für beide Gesprächspartner offensichtlich unterschiedliche Bedeutungen.

	Wort	Bedeutung für D	Bedeutung für A
1.	reich	*„Reich" bedeutet für ihn …*	*Für ihn bedeutet „reich" …*
2.	Familie		
3.	spazieren gehen		
4.	liberal sein		

◉ ▶7 **2. Hören Sie das Gespräch zwischen Frau Wagner (W) und Herrn Malik (M). Für wen haben die
genannten Wörter und Wendungen (a–e) eher die erste Bedeutung, für wen eher die zweite
Bedeutung? Kreuzen Sie an.**

▌ **Situation:** Herr Malik, ein ausländischer Kunde der Firma X, betritt das Büro von Frau Wagner, der Assistentin von Herrn Pohl, dem Leiter der Abteilung Forschung und Entwicklung der Firma X. Frau Wagner
kennt Herrn Malik noch nicht persönlich, hat aber schon mehrfach am Telefon mit ihm gesprochen.

Wort/Wendung	Bedeutung	M	W
a *das Geschenk*	1. eine kleine Aufmerksamkeit	☐	☐
	2. Gegenstand von gewissem Wert, der bei einem besonderen Anlass übergeben wird	☐	☐
b *Das muss wirklich nicht sein. Das sollten Sie eigentlich nicht tun …*	1. Form des Danks, mit der man deutlich macht, dass man sich freut, die Wertschätzung des anderen jedoch nicht an solche Geschenke gebunden ist	☐	☐
	2. Hinweis darauf, dass eine Handlung den Konventionen widerspricht	☐	☐
c *ein Gespräch vereinbaren*	1. sich darauf einigen, dass ein baldiges Gespräch im beiderseitigen Interesse wäre	☐	☐
	2. einen Gesprächstermin festlegen	☐	☐
d *im Haus sein*	1. zu Hause sein	☐	☐
	2. in der Firma sein	☐	☐
e *am frühen Nachmittag*	1. ab 13 bis ca. 14.30 Uhr	☐	☐
	2. ab 15 bis ca. 16.30 Uhr	☐	☐

3. **Führen Sie mit einem Partner oder einer Partnerin in den Rollen von Herrn Malik und Frau Wagner ein kurzes, klärendes Gespräch über die Bedeutungen der Wörter und Wendungen.**

Sie fragen nach Bedeutungen
- *Was genau verstehen Sie unter …?*
- *Was meinen Sie, wenn Sie … sagen?*
- *Welche Bedeutung hat für Sie das Wort / die Wendung …?*

Sie erklären Bedeutungen
- *… Damit meine ich …*
- *… Das bedeutet für mich …*
- *… Das ist etwas, was man z. B. bei … (Gelegenheit) tut/gibt/bekommt.*
- *… Damit ist bei uns … gemeint.*
- *In diesem Kontext bedeutet das Wort / die Wendung … bei uns: …*

Sie nennen alternative Formulierungen
- *Statt … würde ich hier … sagen.*
- *Um das auszudrücken, würden wir wohl eher das Wort / die Wendung … benutzen.*
- *In diesem Kontext würde man bei uns eher … verwenden, um dasselbe auszudrücken.*

Wörter mit in zwei Sprachen unterschiedlichen Bedeutungen

◎ ▸8 **1. Hören Sie den Beginn einer Besprechung im internationalen Team.**

Situation: Bei einer Besprechung im internationalen Team erläutert die deutsche Projektleiterin nach einer kurzen Einführung das geplante Vorgehen.

a Wie werden die folgenden Begriffe in Ihrer Sprache übersetzt?

	Übersetzung
a die Besprechung	
b die Tagesordnung	
c das Konzept (eines Projekts)	
d die Stellungnahme	
e die Absprache	
f der Änderungsvorschlag	

b Welche der beiden Bedeutungen verbindet man in Ihrer Sprache (im gegebenen Kontext) eher mit den folgenden Wörtern? Kreuzen Sie A an. Welche Bedeutung verbinden Ihre deutschen Partner Ihrer Erfahrung nach mit diesen Wörtern? Kreuzen Sie D an.

	Bedeutung	A	D
a die Besprechung	1. ein Treffen zwischen Mitarbeitern und Vorgesetzten, bei dem Informationen ausgetauscht und Beziehungen gepflegt werden	☐	☐
	2. ein Treffen zwischen Mitarbeitern und Vorgesetzten, bei dem für alle verbindliche Entscheidungen getroffen werden	☐	☐
b die Tagesordnung	1. eine Liste von Punkten, die besprochen werden können, aber nicht müssen, und die häufig noch abgeändert werden	☐	☐
	2. eine präzise Gesprächsplanung, über die man sich vorher abgestimmt hat und die in Ablauf und Timing eingehalten wird	☐	☐
c das Konzept (eines Projekts)	1. Idee und „Philosophie", auf die sich ein Projekt gründet	☐	☐
	2. detaillierter Planungsentwurf für die Umsetzung einer Projektidee	☐	☐
d die Stellungnahme	1. Meinungsäußerung über einen Vorschlag oder Kritik an einem Vorschlag	☐	☐
	2. Beurteilung eines Vorschlags (Machbarkeit, notwendige Mittel usw.) aus Sicht des eigenen Zuständigkeitsbereichs	☐	☐
e die Absprache	1. Vorschläge für mögliche Vorgehensweisen, die anschließend überprüft und noch geändert werden können	☐	☐
	2. verbindliche Entscheidung, an die sich alle Betroffenen anschließend zu halten haben	☐	☐
f der Änderungsvorschlag	1. auch z. B. Vorschläge für weitere Punkte oder für die Änderung der vorgesehenen Punkte	☐	☐
	2. allenfalls Vorschläge zur Änderung des Timings (angesetzte Zeit für die Behandlung eines Punktes) oder der Reihenfolge	☐	☐

c Besprechen Sie gemeinsam Ihre Antworten.

2. Nennen Sie Beispiele von Problemen oder Missverständnissen, die aufgrund der unterschiedlichen Wortbedeutungen auf beiden Seiten bei der Vorbereitung und Durchführung einer Besprechung entstehen können.

Situation: Der Leiter und die Teilnehmer einer Besprechung stammen aus zwei verschiedenen Kulturen (A und B). In Kultur A verbindet man mit den in Aufgabe 1.b genannten Wörtern eher die erste Bedeutung. In Kultur B verbindet man mit diesen Wörtern eher die zweite Bedeutung.

Variante 1

Besprechungsleiter: Kultur A	Besprechungsteilnehmer: Kultur B
Vorbereitungsphase der Besprechung	
Er/Sie …	Sie …
1. *wählt die Teilnehmer der Besprechung sehr sorgfältig aus.*	1. *wundern sich darüber, dass bestimmte Mitarbeiter eingeladen, andere nicht eingeladen werden.*
2. *formuliert die Tagesordnungspunkte eher offen und vage.*	2. *finden …* *verstehen nicht genau, …*
3. *fordert wenig Vorinformationen an, schickt wenig oder keine Vorinformationen zu, bereitet wenig Unterlagen vor.*	3. *haben den Eindruck, …*
Durchführung der Besprechung	
4. *verändert kurzfristig die geplante Tagesordnung.*	4.
5.	

Variante 2

Besprechungsleiter: Kultur B	Besprechungsteilnehmer: Kultur A

3. Arbeiten Sie mit einem Partner oder einer Partnerin. Klären Sie in den Rollen der Vertreter aus beiden Kulturen Ihre Handlungen bzw. Ihre Interpretationen und Reaktionen (Aufgabe 2). Einigen Sie sich auf das geeignete Vorgehen für zukünftige Besprechungen.

Interpretationen oder Reaktionen erklären
- *Ich habe mich gefragt / nicht verstanden, warum Sie … (nicht) …*
- *Ich hatte den Eindruck, dass …*
- *Mir erschien die Tatsache, dass Sie …, ein Zeichen dafür, dass …*
- *Es hat mich (etwas) überrascht / befremdet / misstrauisch gemacht, dass …*
- *Als Sie …, fand ich das …*

Vorschläge zum Vorgehen formulieren
- *Können wir uns darauf einigen, dass …?*
- *Ein Kompromiss könnte ja sein, …*
- *Vielleicht wäre es am vernünftigsten, …*
- *Vielleicht wäre es eine gute / die beste Lösung, …*
- *Was halten Sie davon, wenn wir …?*
- *Wäre es nicht für beide Seiten ein Vorteil, wenn …?*

Mögliche Ursachen für Missverständnisse bei der Kommunikation mit den deutschen Partnern und Partnerinnen

1. Sind Ihnen Wörter aufgefallen, mit denen Deutsche in einem gegebenen Kontext eine andere Bedeutung verbinden als Sie selbst? Notieren Sie die Wörter und ihre Bedeutungen in beiden Sprachen. (Überprüfen Sie die deutschen Bedeutungen ggf. im Wörterbuch.)

Zum Beispiel:

Funktionsbezeichnungen

der Lehrling, der Meister, der Vorarbeiter, der Betriebsrat, die Assistentin, der Chef, der Direktor, der Angestellte usw.

Hinweise auf Zeitpunkte, Fristen

baldmöglichst, umgehend, innerhalb von 14 Tagen, gegen 15 Uhr, termingemäß usw.

Gesprächsziele

etwas ausdiskutieren, etwas kritisch betrachten/durchleuchten, sich über etwas aussprechen, einen Kompromiss aushandeln usw.

Schriftstücke

der Geschäftsbericht, das Besprechungsprotokoll usw.

As|si|stent, der; -en, -en [lat. assistens (Gen.: assistentis), 1. Part. von: assistere, ↑assistieren]: **a)** jmd., der einem anderen assistiert; Mitarbeiter, Gehilfe: **b)** mit bestimmten Lehraufgaben betrauter wissenschaftlicher Mitarbeiter eines Hochschullehrers: er ist A. bei Professor .... am Institut für Phonetik. Abk.: Ass.; **As|si|sten|ten|stel|le,** die: Arbeitsstelle eines Assistenten (b); **As|si|sten|tin,** die; -, -nen: w. Form zu ↑Assistent; **As|si|stenz,** die; -, -en (Pl. selten) [mlat. assi...

Kollege; **Kol|le|ge,** der; -n, -n [lat. collega = Amtsgenosse, eigtl. = Mitabgeordneter]: **a)** jmd., der mit anderen zusammen im gleichen Beruf tätig ist: (mündliche Anrede:) Herr K.!; **b)** jmd., der mit anderen zusammen im gleichen Betrieb tätig ist; Arbeitskollege: ein früherer K. von mir; haben Sie K./-n Meier gesehen?; **c)** jmd., der mit anderen zusammen der gleichen Einrichtung, Organisation (z. B. der Gewerkschaft) angehört; **d)** saloppe Anrede an einen Unbekannten: komm mal her, K.!; **Kol|le|gen|kreis,** der: Kreis (b) von Kollegen (a); **Kol|le|gen|ra|batt,** der: bes.

Wörter	Bedeutung in Ihrer Sprache	Bedeutung für Ihre deutschen Partner

2. Können diese unterschiedlichen Bedeutungen und entsprechende Missverständnisse zur Entstehung des „Bildes", das sich beide Seiten voneinander machen (siehe Teil I), beigetragen haben? Diskutieren Sie im Kurs.

B | Gleiche Absicht – unterschiedliche Realisierungen

Wer mit anderen Menschen spricht, handelt immer in einer bestimmten Absicht – er möchte z. B. jemanden begrüßen, jemandem etwas versprechen, jemandem zustimmen oder widersprechen, sich bei jemandem bedanken, etwas von jemandem erfahren usw.

In jeder Sprache gibt es vielfältige sprachliche Realisierungsmöglichkeiten für diese Absichten, aus denen die Sprecher je nach Kontext, Gesprächssituation, Gesprächspartnern usw. die ihnen angemessen erscheinende Form auswählen.

Verschiedene Kulturen unterscheiden sich u. a. durch die sprachlichen Formen, die für die Realisierung von bestimmten Absichten zur Verfügung stehen. Dazu gehört auch, ob – z. B. bei Äußerung von Meinungen, Wünschen, Gefühlen, Lob oder Kritik – eher direkte, explizite Formen oder eher indirekte, implizite Formen bevorzugt werden.

Mitteilungsabsichten, Äußerungen und deren Interpretationen

1. Hören Sie verschiedene Äußerungen. Welche Mitteilungsabsicht hat der Sprecher jeweils? Notieren Sie a–h.

Äußerungen	a–h
1.	
2.	
3.	
4.	
5.	
6.	
7.	
8.	

Mitteilungsabsicht

a jemanden um etwas bitten
b jemanden zu etwas auffordern
c jemanden loben
d etwas kritisieren
e jemanden warnen
f jemandem etwas versprechen
g einen Befehl erteilen
h einen Vorschlag machen

2. Die gleichen Mitteilungsabsichten können im Deutschen auch weniger explizit ausgedrückt werden. Welche Bedeutungen muss der Gesprächspartner bei den folgenden Äußerungen selbst „ergänzen" bzw. aus anderen Signalen erschließen? Notieren Sie.

Äußerungen	Bedeutung, die nicht explizit in der Äußerung formuliert wird
1. Vielleicht machen wir jetzt eine kurze Pause.	Der Sprecher möchte damit einen Vorschlag machen.
2. Diese Unterlagen gehen dann an Frau Bärmann vom Vertrieb.	
3. Nicht schlecht.	
4. Tja, ich würde in dem Bericht noch ein paar Kleinigkeiten ändern.	
5. Kann ich mal eben bei mir im Büro anrufen?	
6. Sie haben hier nichts zu suchen!	
7. Das geht in Ordnung!	
8. Diese Produkte sind feuergefährlich!	

3. Welche Interpretationen werden in der folgenden Situation bei den Antworten des Mitarbeiters B auf die Frage des Mitarbeiters A deutlich? Notieren Sie die passenden Interpretationen (1–5).

Situation:
Mitarbeiter A kommt ins Büro von B und fragt: „Wo ist denn die Anfrage von Firma X?"
Mitarbeiter B kann die Frage von Mitarbeiter A auf verschiedene Weise interpretieren, z. B. als …
1. Bitte um Hilfe;
2. Aufforderung;
3. Vorwurf;
4. Bitte um eine Information;
5. Eingeständnis von mangelnder Organisation.

Antworten von B	1–5
a *Sie hatten mich doch selbst gebeten, sie an Frau Müller weiterzuleiten!*	
b *Soll ich mal in den Unterlagen nachschauen?*	
c *Die hat Frau Müller mitgenommen.*	
d *Tja, vielleicht sollten Sie mal Ihren Schreibtisch aufräumen.*	
e *Moment, ich suche sie gleich raus.*	

4. Lesen Sie die Äußerungen 1–5. Welche Mitteilungsabsicht erscheint Ihnen am wahrscheinlichsten, wenn es sich um Gesprächspartner oder -partnerinnen Ihres eigenen Landes handelt? Kreuzen Sie an und diskutieren Sie Ihre Antworten im Kurs.

Äußerungen		
1. *Haben Sie für heute Abend schon etwas vor?*	Er/Sie bekundet Interesse daran, wie Sie den Abend verbringen.	☐
	Er leitet den Vorschlag ein, gemeinsam etwas zu unternehmen.	☐
2. *Warum rufen Sie denn nicht einfach mal bei diesem Kunden an?*	Er/Sie schlägt vor, dies zu tun.	☐
	Er/Sie macht Ihnen den Vorwurf, dies noch nicht getan zu haben.	☐
3. *Hmm … heute haben wir den 10. Reicht es , wenn wir in ungefähr 14 Tagen liefern?*	Er/Sie kündigt an, dass er/sie frühestens in zwei bis drei Wochen liefern kann.	☐
	Er/Sie sagt zu, dass innerhalb der nächsten 14 Tage geliefert wird.	☐
4. *Ja, ich werde mich bemühen, das bis Freitag zu beenden.*	Er/Sie verspricht es Ihnen.	☐
	Er/Sie will keine verbindliche Zusage geben.	☐
5. *Herr/Frau X, erledigen Sie das noch vor der Mittagspause?*	Er/Sie fordert Sie dazu auf, dies zu tun.	☐
	Er/Sie fragt Sie, ob Sie vorhaben, das zu tun.	☐

Direkter und indirekter Kommunikationsstil

▶10 **1. Herr Schmidt trifft Herrn Tranka, einen kürzlich eingestellten ausländischen Kollegen, im Gang und spricht ihn an. Hören Sie das Gespräch.**

a Was läuft hier „schief"? Diskutieren Sie im Kurs.

b Lesen Sie das Gespräch (Seite 92). Formulieren Sie expliziter, was Herr Schmidt „eigentlich" sagen oder fragen will.

▶11 **2. Herr Wagner (W) trifft Herrn Lee (L), einen asiatischen Kollegen, auf dem Gang vor seinem Büro. Hören Sie das Gespräch.**

a Wird Herr Lee Ihrer Meinung nach Herrn Weber anrufen? Wenn ja: Welche Antwort wird er wohl geben?

b Erläutern Sie die Absichten bzw. die Interpretationen der beiden Gesprächspartner.

Äußerungen im Gespräch	Absicht des Sprechers	Interpretation des Partners
W: *Ähm ... ich geh heut' Abend mit ein paar Kollegen noch ein Bier trinken. Gehen Sie mit?*	*Er möchte Herrn Lee ...*	*Er versteht das als Frage, ob ...*
L: *Ja ... ich weiß nicht.*	*Er drückt aus, dass ...*	
W: *Überlegen Sie's ruhig. Rufen Sie mich an, ja? Tschüss!*		
L: *Ja ... tschüss!*		

Direktheit und Indirektheit von Äußerungen

1. Bewerten Sie in den folgenden fünf Beispielen die Äußerungsvarianten von B im Hinblick auf die Direktheit, mit der Meinungen, Standpunkte oder Urteile geäußert werden.

a Notieren Sie:

– – = sehr indirekt   +   = direkt

–   = indirekt   + + = sehr direkt

---

1. A und B sind zwei gleichgestellte Mitarbeiter.

A sagt zu B:

Frau/Herr …, wir hatten ja gesagt, dass Sie sich um diese Reklamation kümmern. Haben Sie schon …?

B ist nicht der Meinung, dass das so vereinbart war, und antwortet:

a *Da müssen wir uns falsch verstanden haben. Jedenfalls habe ich das nicht als meine Aufgabe angesehen.*

b *Ach, wirklich? Tja, dazu hatte ich leider noch keine Zeit.*

c *Könnte es sein, dass wir uns da missverstanden haben? Ich war der Meinung, Sie wollten sich selbst darum kümmern.*

d *Soweit ich mich erinnere, war das Ihre Aufgabe.*

---

2. A und B sind zwei gleichgestellte Mitarbeiter.

A erklärt bei einer Besprechung:

Wir sind bei unserer Absatzplanung davon ausgegangen, dass wir den Umsatz für Produkt X um 15 % erhöhen können.

B hält das für unrealistisch und sagt:

a *Ich bezweifle, dass das der Markt derzeit hergibt.*

b *Glauben Sie, dass das der Markt hergibt?*

c *Vielleicht sollten wir zur Sicherheit von einer geringeren Umsatzsteigerung ausgehen.*

d *Das ist doch bei der augenblicklichen Marktlage völlig unrealistisch.*

---

3. B ist der Vorgesetzte von A.

A hat auf einer Messeveranstaltung ein neues Produkt des Unternehmens präsentiert.

B übt Kritik an der Präsentation von A:

a *Insgesamt fand ich Ihre Präsentation in Ordnung. Vielleicht sollten Sie beim nächsten Mal noch etwas mehr über … sagen.*

b *Insgesamt fand ich Ihre Präsentation in Ordnung. Aber es fehlten genaue Informationen über …*

c *Herr/Frau …, mit so ungenauen Informationen über … werden Sie unsere Kunden nicht überzeugen können!*

d *Ihre Präsentation hat unsere Kunden sicher interessiert. Ich könnte mir allerdings vorstellen, dass sie gern noch mehr über … erfahren hätten.*

4. A ist Besprechungsleiter, B ist ein Besprechungsteilnehmer.

Am Ende der Besprechung sagt A zu Herrn B:

Herr B, schicken Sie uns dann das Besprechungsprotokoll bis Freitag zu?

B möchte deutlich machen, dass er diese Frist nicht einhalten kann und antwortet:

a *Freitag? Das ist völlig unmöglich. Vor Dienstag schaff ich das nicht.*

b *Freitag? Ich bin nicht sicher, ob ich das schaffe. Wenn nicht, dann spätestens am Montag oder Dienstag.*

c *Freitag? Also, ich werde mein Bestes tun …*

d *Freitag? Das wird schwierig werden. Realistischer wäre Dienstag.*

5. A und B sind zwei gleichgestellte Mitarbeiter.

Beide nehmen an einer Besprechung teil. B ist verärgert über den Diskussionsverlauf und sagt deutlich an A gerichtet:

a *Jetzt sitzen wir hier seit zwanzig Minuten und diskutieren über … Dafür ist mir, ehrlich gesagt, eigentlich meine Zeit zu schade.*

b *Also … Ich bin jetzt ziemlich sauer: Seit zwanzig Minuten diskutieren wir ohne irgendein Ergebnis über …*

c *Glauben Sie, dass uns die Diskussion über … jetzt weiterbringt? Vielleicht sollten wir …*

d *Ich glaube, dass wir mit dieser Diskussion über … unsere Zeit verlieren. Sollten wir nicht …?*

b Diskutieren Sie Ihre Antworten im Kurs.

2. **Welche Äußerungen von B würden Sie in den o. g. Beispielen eher erwarten, wenn es sich um Mitarbeiter bzw. Mitarbeiterinnen Ihres Landes oder wenn es sich um deutsche Mitarbeiter bzw. Mitarbeiterinnen handelt? Notieren Sie jeweils a–d. (Mehrfachantworten möglich)**

	1	2	3	4	5
Mitarbeiter Ihres Landes					
deutsche Mitarbeiter					

3. **Vergleichen Sie den Kommunikationsstil Ihrer Landsleute im Hinblick auf die Direktheit mit dem Ihrer deutschen Partner und Partnerinnen. Diskutieren Sie im Kurs.**

DRÜCKEN SIE SICH ETWAS PRÄZISER AUS!

STAUBEK

4. Klären Sie, was Ihre Gesprächspartner oder -partnerinnen meinen.

In den folgenden Gesprächssequenzen möchte einer der beiden Partner (A oder B) besser verstehen, was der andere Partner mit seiner Äußerung meint.

a Übernehmen Sie die Rolle A oder B. Lesen Sie Ihre Rollenkarte und bereiten Sie eine Reaktion auf die Äußerung Ihres Partners vor.

Rollenkarte 1

1. Gespräch

A: *Tja, und außerdem wollte ich mit dir noch mal über den Vorfall bei der letzten Besprechung sprechen. Da war ja was zwischen uns schief gelaufen, oder?*

B: *Also, sei mir nicht bös' … gerne ein andermal, aber im Augenblick hab ich wirklich keine Zeit dazu. Ich bin schrecklich unter Druck.*

A: *…*

2. Gespräch

B: *Sie haben doch morgen einen Termin bei Müller & Co. Könnten Sie bei dieser Gelegenheit den Herrn Kaufmann vom Vertrieb um die Unterlagen bitten, die er mir zugesagt hat?*

A: *Ja, das kann ich vielleicht machen.*

B: *…*

3. Gespräch

A: *Also, ich versichere Ihnen, das wir unser Bestes tun werden, damit Sie pünktlich beliefert werden.*

B: *Kann ich das jetzt als verbindliche Zusage verstehen?*

A: *…*

4. Gespräch

B: *Und wie gefällt Ihnen unser neuer Design-Entwurf für die Verpackung?*

A: *Ja, wirklich … nicht übel, finde ich interessant … ziemlich innovativ.*

B: *…*

5. Gespräch

A: *Wären Sie damit einverstanden, dass wir uns den Kopierer aus Ihrer Abteilung für die drei Tage ausleihen? Wir schaffen das sonst nicht.*

B: *Hmm … Also, eigentlich können wir auf den Kopierer nicht verzichten …*

A: *…*

6. Gespräch

B: *Sind wir uns also einig, dass Sie die beschädigte Ware zurücknehmen und den Rechnungsbetrag erstatten?*

A: *Ja, das können wir sicher so machen.*

B: *…*

b Spielen Sie die Gesprächssequenzen mit wechselnden Partnern und klären Sie mögliche Missverständnisse.

Das Verständnis überprüfen

- *Habe ich Sie jetzt richtig verstanden? Sie wollen damit sagen, dass …*
- *Meinen Sie (damit), dass …?*
- *Wollen Sie damit sagen, dass …?*
- *Was genau meinen Sie mit … / verstehen Sie unter …?*

- *Heißt das / Bedeutet das, dass Sie … (oder dass Sie …)?*
- *Ich bin mir nicht sicher, ob ich genau verstehe, was Sie meinen / damit sagen wollen.*
- *Ich verstehe jetzt nicht wirklich / bin mir jetzt nicht sicher, warum/ob Sie …*
- *Für mich klingt das jetzt wie … / so, als ob Sie …*

B Gleiche Absicht – unterschiedliche Realisierungen

Antworten präzisieren/korrigieren

- *Das war anders gemeint.*
- *Was ich (damit) sagen wollte, war …*
- *Da habe ich mich sicher missverständlich ausgedrückt. Ich wollte damit sagen, dass …*
- *Da haben wir uns wohl missverstanden. Ich wollte …*
- *Nein, (ganz) so meinte ich das nicht.*
- *Nein, das wollte ich damit eigentlich nicht sagen.*

5. **Vergleichen Sie die bei Ihnen geltenden Konventionen mit denen, die Sie bei Ihren deutschen Partnern und Partnerinnen beobachtet haben.**

a Sind Ihnen bei Ihren deutschen Partnern bestimmte Formen von Äußerungen aufgefallen, die sich von denen, die bei Ihnen im gleichen Kontext üblich sind, unterscheiden? Notieren Sie Beispiele von solchen Formulierungen und übertragen Sie die entsprechenden, bei Ihnen gebräuchlichen Formulierungen ins Deutsche.

Mitteilungsabsichten	deutsche Formulierungen	Formulierungen in Ihrer Sprache
a jemanden begrüßen		
b sich bedanken		
c sich entschuldigen		
d Aufträge erteilen		
e ein Gespräch abschließen		
f Vorschläge machen		
g Zustimmung ausdrücken		
h Nicht-Einverständnis ausdrücken		
i Einwände formulieren		
j auf Einwände reagieren		
k Lob äußern		
l Kritik äußern		
m auf Lob/Kritik reagieren		
n Zufriedenheit ausdrücken		
o Unzufriedenheit ausdrücken		
p etwas bedauern		
q Aufmerksamkeit signalisieren		
r		

b Wie empfinden Sie die Formulierungen Ihrer deutschen Partner? Wie empfinden wohl Ihre deutschen Partner die bei Ihnen gebräuchlichen Formulierungen?

6. **Können diese Unterschiede zur Entstehung des „Bildes", das sich beide Seiten voneinander machen (siehe Teil I), beigetragen haben? Diskutieren Sie im Kurs.**

C Gleicher Gesprächstyp – unterschiedliche Abläufe und Themen

Jeder Gesprächstyp ist durch eine ihm eigene Strukturierung gekennzeichnet, in der festgelegt ist, welche Phasen in welcher Reihenfolge und mit welcher Dauer er normalerweise beinhaltet, welche Themen in den verschiedenen Phasen angesprochen oder eher vermieden werden, wer das Gespräch eröffnet oder wer wann das Rederecht hat.

In jeder Kultur orientieren sich die Gesprächsteilnehmer in ihrem Vorgehen und in ihren Erwartungen an entsprechenden Konventionen. In verschiedenen Kulturen können diese Konventionen unterschiedlich sein. Ist dies den Gesprächspartnern nicht bewusst, kommt es unweigerlich zu Missverständnissen und Kommunikationsproblemen.

Unterschiedliche Konventionen für Gesprächsabläufe

1. Hören Sie zwei Versionen eines Gesprächs zwischen zwei Standmitarbeitern auf einer Messe.

Situation: Herr Amon und Herr Banner sind Standmitarbeiter von zwei Unternehmen aus verschiedenen Ländern, die als Aussteller an einer Messe teilnehmen. Die beiden Unternehmen arbeiten in komplementären Produktsegmenten und sind damit keine Konkurrenten.

Herr Amon und Herr Banner haben sich bei einer Produktpräsentation kennen gelernt. Sie haben festgestellt, dass sie eine Reihe gemeinsamer Kunden haben. Beide sind an einem engeren beruflichen Kontakt interessiert und führen ihr Gespräch in der Messe-Cafeteria weiter.

▶12 **a Version 1: Welche der folgenden Themen werden angesprochen? Notieren Sie die Reihenfolge.**

Themen	Reihenfolge
a Messegeschehen	_1_
b Unternehmen der Gesprächspartner	
c geschäftliche Angelegenheiten	
d privater Bereich (Urlaub, Familie …)	
e Fortsetzung des beruflichen Kontakts	

▶13 **b Version 2: Welche der Themen werden hier angesprochen? Notieren Sie die Reihenfolge.**

Themen	Reihenfolge
a Messegeschehen	
b Unternehmen der Gesprächspartner	
c geschäftliche Angelegenheiten	
d privater Bereich (Urlaub, Familie …)	
e Fortsetzung des beruflichen Kontakts	

c Vergleichen Sie den Verlauf der beiden Gespräche.

d Welche weiteren Unterschiede gibt es zwischen den beiden Gesprächen? Kreuzen Sie an und besprechen Sie dann Ihre Antworten.

	Version 1	Version 2
Gesprächston Ironie und witzige Bemerkungen sind häufiger.	☐	☐
Gesprächsklima erscheint oberflächlicher.	☐	☐
Vereinbarung über Kontaktaufnahme nach der Messe scheint verbindlicher.	☐	☐

2. **Identifizieren Sie mögliche kulturbedingte Konventionen für diesen Gesprächstyp auf beiden Seiten. Berücksichtigen Sie u. a. die folgenden Punkte und nennen Sie Beispiele.**

- ▪ Phasen, die ein solches Gespräch beinhaltet
- ▪ Themen, die man anspricht oder vermeidet
- ▪ Gesprächston, den man für (nicht) angemessen hält
- ▪ Art der Beziehung, die man anstrebt

3. **Lesen Sie die Texte der beiden Gesprächsversionen (S. 93–94 und 94–95).**

In den beiden Gesprächsversionen 1 und 2 steuert jeweils einer der beiden Partner den Gesprächsverlauf (Herr Amon in Gespräch A, Herr Banner in Gespräch B), während sich der andere Partner eher „anpasst".

a In welchen Gesprächsphasen könnte die Kommunikation gestört werden, wenn der andere Partner entsprechend seiner eigenen Konventionen reagieren würde? Beschreiben Sie entsprechende Reaktionen und mögliche Interpretationen auf beiden Seiten.

- ▪ *A/B erscheint es normal, zunächst ausführlich über … zu sprechen.*
- ▪ *B/A dagegen würde erwarten, dass … Deshalb …*
- ▪ *Für A/B ist das … Deshalb …*
- ▪ *B/A findet das …*

b Welcher der beiden Gesprächsabläufe entspricht eher Ihren eigenen Erwartungen im gegebenen Kontext? Erläutern Sie.

Mögliche Ursachen für Missverständnisse bei der Kommunikation mit deutschen Partnern und Partnerinnen

1. Vergleichen Sie die bei Ihnen geltenden Konventionen zum Gesprächsverlauf mit denen Ihrer deutschen Partner und Partnerinnen.

a Wählen Sie aus den in Teil III behandelten Gesprächstypen (Seite 28) diejenigen, die für Sie besonders relevant sind.

b Notieren Sie für beide Seiten Stichworte zum Gesprächsverlauf, zu den angesprochenen Themen und Inhalten und zur Dauer der Gesprächssequenzen.

Zum Beispiel:

Gesprächstyp: *Besprechung*					
bei Ihren Landsleuten			**bei Ihren deutschen Partnern**		
Phase	**Dauer**	**Inhalte, Themen**	**Phase**	**Dauer**	**Inhalte, Themen**
1. *Begrüßung*		*persönliche Ansprache aller Teilnehmer durch den Besprechungsleiter*			
2. *Smalltalk*	*2–3 Min.*	*unternehmensinterner „Klatsch"*			
3. *Überleitung zum Thema*		*Tagesordnung*			

c Sind Ihnen bei Ihren deutschen Partnern andere Besonderheiten aufgefallen, die den Ablauf von Gesprächen, die Art der Gesprächsführung oder bestimmte Verhaltensweisen beim Gespräch betreffen?

Zum Beispiel im Hinblick auf …

- den Umgang mit Tagesordnungen und Zeitvorgaben;
- die Akzeptanz bei Themenabweichungen;
- den Umgang mit Widerspruch und Kritik;
- die Rolle von Humor, Witzen und Anekdoten;
- Reaktionen auf Unterbrechungen oder gleichzeitiges Sprechen mehrerer Gesprächspartner;
- Reaktion auf Schweigen, bei längeren Pausen usw.

2. Welches sind mögliche Konsequenzen für den weiteren Gesprächsverlauf oder für die weitere Zusammenarbeit? Orientieren Sie sich am folgenden Beispiel und erläutern Sie ähnliche „Kettenreaktionen".

Beispiel:

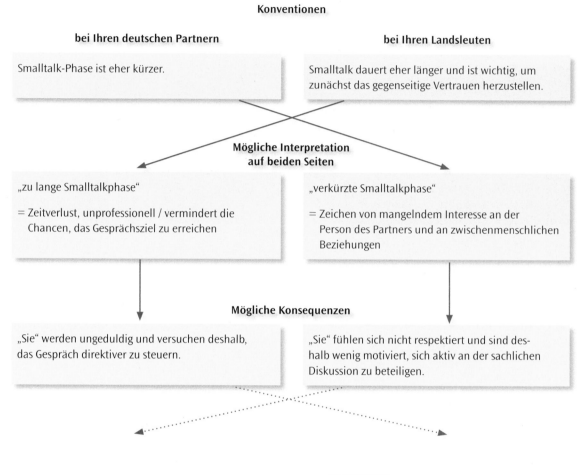

Konventionen

bei Ihren deutschen Partnern

Smalltalk-Phase ist eher kürzer.

bei Ihren Landsleuten

Smalltalk dauert eher länger und ist wichtig, um zunächst das gegenseitige Vertrauen herzustellen.

Mögliche Interpretation auf beiden Seiten

„zu lange Smalltalkphase"

= Zeitverlust, unprofessionell / vermindert die Chancen, das Gesprächsziel zu erreichen

„verkürzte Smalltalkphase"

= Zeichen von mangelndem Interesse an der Person des Partners und an zwischenmenschlichen Beziehungen

Mögliche Konsequenzen

„Sie" werden ungeduldig und versuchen deshalb, das Gespräch direktiver zu steuern.

„Sie" fühlen sich nicht respektiert und sind deshalb wenig motiviert, sich aktiv an der sachlichen Diskussion zu beteiligen.

3. Können diese Unterschiede zur Entstehung des „Bildes", das sich beide Seiten voneinander machen (siehe Teil I), beigetragen haben? Diskutieren Sie im Kurs.

D   Gleiche Gesprächssituation – unterschiedliche Register

Sprecher drücken ständig auch indirekt die Beziehung aus, in der sie zueinander stehen. Dazu benutzen sie unterschiedliche sprachliche Register. Wenn eine Situation sehr formal und ritualisiert ist, so gebrauchen Sie ein sehr formelles Register (zum Beispiel: *Es freut mich, Sie kennen zu lernen, Herr Dr. Wehrmann.*). Wenn die Situation eher informell ist, benutzen sie alltagssprachliche Wendungen (zum Beispiel: *Tag, Herr Wehrmann!*). Auch das Alter, das Geschlecht oder die Machtposition der Partner haben einen Einfluss auf die Registerwahl.

Formelles und informelles Register

1. **Ihr Gesprächspartner wird auf seinem Handy angerufen und unterbricht die Unterhaltung: Bei welchen Gesprächspartnern (1–5) würden Sie die Formulierungen und Reaktionen als angemessen empfinden? Notieren Sie 1–5 und diskutieren Sie die Antworten im Kurs.**

Gesprächspartner
1. ein persönlich gut bekannter Kollege
2. ein Ihnen unterstellter Mitarbeiter
3. Ihr Vorgesetzter
4. ein Besucher des Unternehmens, den Sie gerade kennen gelernt haben
5. ein Ihnen gleichgestellter Kollege

Formulierungen/Reaktionen	1–5
a *Verzeihen Sie …* [Er tritt beiseite und antwortet.]	
b *Verzeihen Sie, ich erwarte einen dringenden Anruf …* [Er tritt beiseite und antwortet.]	
c *Tschuldigung …* [Er tritt beiseite und antwortet.]	
d *Moment …* [Er wendet sich ab und antwortet.]	
e *Verzeihen Sie …* [Er stellt sein Handy aus.]	
f *Würden Sie mich einen Augenblick entschuldigen?* [Er tritt beiseite und antwortet.]	

2. Stufen Sie die folgenden Äußerungen auf der Skala informell (–), neutral (+/–) und formell (+) ein. Kreuzen Sie an und diskutieren Sie die Antworten im Kurs.

1. Jemand drückt aus, dass er überrascht ist.

	+	+/–	–
a Das hätte man nicht erwartet!	☐	☐	☐
b Na so was! Da bin ich ja wirklich platt!	☐	☐	☐
c Das ist wirklich eine Überraschung!	☐	☐	☐
d Allerhand! Hätte ich nicht erwartet.	☐	☐	☐
e Da bin ich aber wirklich überrascht.	☐	☐	☐
f Also, da bleibt mir die Spucke weg!	☐	☐	☐

2. Jemand bestreitet die Richtigkeit von Zahlen.

	+	+/–	–
a Ich bezweifle die Richtigkeit dieser Zahlen.	☐	☐	☐
b Jede Wette, dass diese Zahlen nicht stimmen!	☐	☐	☐
c Die Richtigkeit dieser Zahlen ist zweifelhaft.	☐	☐	☐
d Ich glaube nicht, dass diese Zahlen stimmen.	☐	☐	☐
e Diese Zahlen stimmen nie im Leben. Das kann mir keiner erzählen.	☐	☐	☐
f Diese Zahlen können nicht stimmen!	☐	☐	☐

3. Jemand erklärt, warum er seine Stelle gekündigt hat.

	+	+/–	–
a Ich bin da weg, weil mir dieser Job einfach gestunken hat.	☐	☐	☐
b Ich hatte die Nase voll von diesem Job, deshalb bin ich abgehauen.	☐	☐	☐
c Diese Tätigkeit hat mich nicht mehr befriedigt, deshalb habe ich gekündigt.	☐	☐	☐
d Ich fand die Arbeit einfach langweilig, da bin ich lieber gegangen.	☐	☐	☐
e Die Arbeit war nicht besonders interessant, deshalb habe ich gekündigt.	☐	☐	☐

4. Jemand bietet ein Getränk an.

	+	+/–	–
a Darf ich Ihnen ein Getränk anbieten?	☐	☐	☐
b Wie steht's mit einem Getränk?	☐	☐	☐
c Dürfte ich Ihnen ein Getränk anbieten?	☐	☐	☐
d Haben Sie Durst?	☐	☐	☐
e Wollen Sie was trinken?	☐	☐	☐
f Möchten Sie etwas trinken?	☐	☐	☐

3. Lesen Sie die Merkmale von informellen und formellen Formulierungen im Deutschen.

Merkmale des informellen Registers im Deutschen (u. a.)

- Verwendung umgangssprachlicher Wörter und Wendungen
- Verwendung von Wörtern und Bildern, die Tabubereiche berühren (z. B. Körperfunktionen)
- Verkürzungen und Zusammenziehung von Silben und Wörtern

Merkmale des formellen Registers im Deutschen (u. a.)

- Verwendung des Konjunktivs (bei Bitten, Aufforderungen usw.)
- Ersatz des „Ich"-Subjekts durch „man", „es" oder „die Sache"
- explizite Bitte um Erlaubnis, eine Frage, Einladung, Bitte, Aufforderung usw. aussprechen zu dürfen

a Überprüfen Sie Ihre Antworten in Aufgabe 2 anhand dieser Kriterien.
b Was sind die Merkmale des formellen bzw. des informellen Registers in Ihrer Sprache?

Unterschiedliche Sozialbeziehungen und unterschiedliche Register

Besonders bei Erstbegegnungen signalisieren sich die Gesprächspartner durch die Wahl des Registers die Art, wie sie die Situation wahrnehmen, wie sie die gegenseitigen Positionen einschätzen und wie sie die Beziehung gestalten wollen.

◉ ▶14 **1. Hören Sie das folgende Gespräch und bewerten Sie das Register, das die Gesprächspartner verwenden.**

Situation: Herr Professor Fleischer ist im Rahmen einer Fortbildungsveranstaltung in einem größeren Unternehmen als Referent eingeladen. Nach seiner Ankunft begleitet ihn die Assistentin, Frau Bauer, zu ihrer Vorgesetzten, Frau Dr. Pohl, die als Leiterin der Personalabteilung für Fortbildungsmaßnahmen zuständig ist.

a Kreuzen Sie Ihre Einschätzung an und erläutern Sie Ihre Antworten.

Register	sehr informell	informell	neutral	formell	sehr formell
Frau Pohl	☐	☐	☐	☐	☐
Herr Fleischer	☐	☐	☐	☐	☐

b Was sagt die Wahl dieses Registers über die Position der beiden Gesprächspartner und über die Art, wie sie ihre Beziehung zueinander sehen? Kreuzen Sie an und erläutern Sie Ihre Antworten.

a Herr Fleischer signalisiert, dass er sich in sozial überlegener Position sieht. ☐

b Frau Pohl signalisiert, dass sie sich in sozial überlegener Position sieht. ☐

c Beide signalisieren sich, dass sie sich in sozial (ungefähr) gleichgestellten Positionen sehen. ☐

◉ ▶15 **2. Hören Sie das folgende Gespräch. Welche Art der Beziehung konstituieren die beiden Gesprächspartnerinnen durch die Formulierungen, die sie bei der Gesprächseröffnung verwenden? Auf welche Art der Beziehung „einigen" sie sich im weiteren Verlauf des Gesprächs? Kreuzen Sie an und erläutern Sie die Antworten.**

Situation: Zwei Mitarbeiterinnen aus verschiedenen Niederlassungen einer Firma, Frau Zacher und Frau Barton, machen im Rahmen einer Weiterbildungsveranstaltung während der Pause Bekanntschaft.

Gesprächsphasen		Register/Beziehung	
		eher formell/distanziert	eher informell/persönlich
Eröffnung	Frau Zacher	☐	☐
	Frau Barton	☐	☐
weiterer Verlauf	Einigung auf	☐	☐

Unterschiedliche Konventionen bei der Wahl des passenden Registers

Zu Missverständnissen zwischen Partnern verschiedener Kulturen kommt es häufig, weil …
- in beiden Kulturen für eine bestimmte Situation und eine bestimmte Beziehung unterschiedliche Register angemessen erscheinen.
- bestimmte sprachliche Formen in beiden Kulturen unterschiedlichen Registern zugeordnet werden.

► 16 **1. Hören Sie das folgende Gespräch zwischen zwei Mitarbeitern. Wie erscheint jedem von ihnen wohl das Register des Gesprächspartners, wenn er es an dem Register misst, das er selbst verwendet? Kreuzen Sie an und erläutern Sie Ihre Antworten.**

Situation: Herr D (deutscher Mitarbeiter) hat gerade Herrn A, einen Kollegen aus einer ausländischen Niederlassung der Firma kennen gelernt. Sie sind auf dem Weg zu einer Besprechung und kommen dabei an einem Kaffeeautomaten vorbei. Herr D bleibt stehen.

	sehr informell	informell	neutral	formell	sehr formell
Herrn A erscheint das Register von D	☐	☐	☐	☐	☐
Herrn D erscheint das Register von A	☐	☐	☐	☐	☐

2. Welche Erklärungen kann es in dieser Situation für die Registerwahl der beiden Gesprächspartner geben? Lesen Sie mögliche Erklärungen für Herrn D (a–e) und formulieren Sie entsprechend mögliche Erklärungen für Herrn A (a–e).

Erklärungen für die Registerwahl von Herrn D	Erklärungen für die Registerwahl von Herrn A
a Das ist für ihn das „normale" Register beim Umgang mit Arbeitskollegen (in gleichgestellter Position).	a *Die Formulierungen, die er verwendet, „klingen" in seiner Sprache weniger formell als im Deutschen und sind beim Umgang mit Kollegen, mit denen er nicht persönlich befreundet ist, normal.*
b Er vermutet bei seinem Gesprächspartner mangelnde Sprachkenntnisse und glaubt, dass umgangssprachliche Formulierungen leichter zu verstehen sind.	b *Er spricht noch nicht sehr gut Deutsch. Deshalb …*
c Er möchte besonders deutlich signalisieren, dass er mit Herrn A eine kollegiale Beziehung herstellen möchte.	c
d Er fühlt sich in dieser Situation unsicher (welches Register ist angemessen?) und will dies durch einen besonders „lockeren" Ton überbrücken.	
e Bewusst oder unbewusst respektiert er den ausländischen Kollegen nicht als gleichwertigen Partner und wählt ein Register, das er im beruflichen Kontext normalerweise nicht verwenden würde.	

Unterschiedliche Anredeformen

Ein besonders deutliches Differenzierungsmerkmal zwischen formellem und informellem Register bzw. zwischen einer eher distanzierten und eher vertrauten Beziehung ist die Form der Anrede.

1. Vergleichen Sie die Anredeformen in deutschen Unternehmen mit denen, die in Unternehmen Ihres Landes üblich sind.

a Welche Anredeformen verwenden Ihre deutschsprachigen Partner im beruflichen Kontext in Ihrem Unternehmen (wenn Sie dort mit Deutschen zusammenarbeiten) bzw. in deutschen Unternehmen, mit denen Sie zu tun haben? Kreuzen Sie an und besprechen Sie Ihre Antworten.

Anredeformen zwischen Mitarbeitern	Ihr Untern.	dt. Untern.
a *Herr/Frau* … (Familienname) + „Sie"	☐	☐
b Vorname + „Sie"	☐	☐
c Vorname + „du"	☐	☐
d zwischen gleichgestellten Mitarbeitern häufig: „du"	☐	☐
e zwischen Vorgesetzten und unterstellten Mitarbeitern: „Sie"	☐	☐
f akademische Titel werden genannt, z. B: *Herr/Frau Doktor* …	☐	☐
g Vorgesetzte werden mit ihrem hierarchischen Titel angesprochen, z. B.: *Herr/Frau Direktor*	☐	☐
h Vorgesetzte werden mit *Chef/Chefin* (oder ähnlich) angesprochen	☐	☐
i von nicht anwesenden Vorgesetzten spricht man oft als *dem Chef / der Chefin* (o. Ä.)	☐	☐
Anredeformen für Kunden, Lieferanten, Besucher usw.		
j grundsätzlich: *Herr/Frau* … (Familienname) + „Sie" (außer wenn persönlich gut bekannt)	☐	☐
k entsprechend der üblichen Anredeform zwischen Mitarbeitern im Unternehmen	☐	☐

b Welche Anredeformen verwenden Sie in Ihrer Muttersprache in Ihrem Unternehmen bzw. in Unternehmen Ihres Landes? Notieren Sie die deutschen Übersetzungen.

Anredeformen zwischen Mitarbeitern Ihres Landes	
a gleichgestellte Mitarbeiter verwenden häufig:	
b zwischen Vorgesetzten und unterstellten Mitarbeitern sagt man:	
c akademische Titel oder berufliche Titel werden genannt: z. B. *Herr Ingenieur*	
d Vorgesetzte werden mit ihrem hierarchischen Titel angesprochen, z. B.:	
e Vorgesetzte werden oft mit … (*Chef* o. Ä.) angesprochen:	
f von nicht anwesenden Vorgesetzten spricht man als *dem/der* …:	
Anredeformen für Kunden, Lieferanten, Besucher usw.	
g Kunden, Besucher usw. werden mit … angesprochen:	

D Gleiche Gesprächssituation – unterschiedliche Register

2. Welcher Eindruck entsteht möglicherweise aufgrund der unterschiedlichen Anredeformen in beiden Kulturen? Kreuzen Sie an und diskutieren Sie Ihre Antworten im Kurs.

Bei deutschen Mitarbeitern oder Geschäftspartnern …		
1. erscheinen Arbeitsbeziehungen:	insgesamt formeller.	☐
	weniger formell.	☐
	Es gibt keine erkennbaren Unterschiede.	☐
2. kommen hierarchische Beziehungen und Respekt vor Vorgesetzten:	deutlicher zum Ausdruck.	☐
	weniger deutlich zum Ausdruck.	☐
	Es gibt keine erkennbaren Unterschiede.	☐
3. haben akademische oder berufliche Titel:	größere Bedeutung.	☐
	weniger Bedeutung.	☐
	Es gibt keine erkennbaren Unterschiede.	☐

Die Wahl der angemessenen Anredeform

Der Wechsel der Anredeform zeigt in der Regel die Absicht des Sprechers, den Status einer Beziehung zu verändern.

Als Ihr Vorgesetzter befehle ich Ihnen, mich ab heute mit DU anzusprechen!

1. Berichten Sie über Ihre eigenen Beobachtungen.

a Wann und wie gehen Ihre deutschen Partner vom „Sie" zum „du" über? Wer ergreift dazu die Initiative?

b Gibt es in Ihrer Kultur ähnliche „Registerwechsel" bei den Anredeformen? Wann und wie finden sie statt?

2. Sie wollen Ihrem Gesprächspartner eine bestimmte Anredeform oder den Wechsel der Anrede-form vorschlagen. Welche Formulierungen (a–f) erscheinen Ihnen jeweils geeignet? Notieren Sie a–f und besprechen Sie die Antworten im Kurs.

Gesprächspartner	a–f
1. unterstellter Mitarbeiter / unterstellte Mitarbeiterin	☐
2. gleichgestellter Kollege / gleichgestellte Kollegin	☐

Formulierungen

a *Ich fände es am besten/einfachsten/…, wenn wir uns mit … anreden.*

b *Wären Sie einverstanden / Hätten Sie etwas dagegen, wenn wir uns mit … anreden?*

c *Wir verwenden (in unserer Abteilung) normalerweise die Du-/Sie-Form. Ist Ihnen das recht?*

d *Ich schlage vor, dass wir uns mit … anreden. Das erleichtert die Zusammenarbeit / …*

e *Was halten Sie davon, wenn wir uns mit … anreden?*

f *Darf ich Sie mit … anreden? Das fände ich einfacher.*

3. **Ihr Gesprächspartner verwendet eine Anredeform oder schlägt eine Anredeform vor, die Sie nicht wünschen. Sie möchten das deutlich machen. Welche Formulierungen (a–h) erscheinen Ihnen jeweils geeignet? Notieren Sie a–h und besprechen Sie die Antworten im Kurs.**

Gesprächspartner	a–h
1. unterstellter Mitarbeiter / unterstellte Mitarbeiterin	
2. gleichgestellter Kollege / gleichgestellte Kollegin	

Formulierungen

a *Mir wäre es lieber/angenehmer, wenn Sie mich (weiterhin) mit … anreden.*

b *Mir wäre es lieber/angenehmer, wenn wir uns (weiterhin) mit …anreden.*

c *Für mich wäre die Arbeitsbeziehung einfacher, wenn Sie … beibehalten würden.*

d *Für mich wäre die Arbeitsbeziehung einfacher, wenn wir … beibehalten würden.*

e *Seien Sie mir nicht böse, aber ich würde mich wohler fühlen, wenn Sie mich (weiterhin) mit … anreden.*

f *Seien Sie mir nicht böse, aber ich würde mich wohler fühlen, wenn wir uns (weiterhin) mit … anreden.*

g *Darf ich Sie darum bitten, bei … zu bleiben? Das wäre mir lieber.*

h *Ich hoffe auf Ihr Verständnis, aber ich würde die Anredeform … vorziehen.*

4. **Einigen Sie sich auf geeignete Anredeformen bei der Zusammenarbeit.**

Situation: In der geplanten Niederlassung eines deutschen Unternehmens in Ihrem Land werden Mitarbeiter aus beiden Ländern auf allen hierarchischen Ebenen zusammenarbeiten. Die Arbeitssprache wird Deutsch sein, da die Mehrzahl der Mitarbeiter aus Ihrem Land diese Sprache beherrscht.
Zwei verantwortliche Mitarbeiter aus beiden Ländern sollen gemeinsam einen Vorschlag über die geeigneten Anredeformen im Unternehmen vorlegen. Die Form der Anrede soll die Zusammenarbeit zwischen Mitarbeitern, Mitarbeitern und Vorgesetzten beider Sprach- bzw. Kulturgruppen erleichtern, dabei aber auch die Interaktion mit außenstehenden deutschen und heimischen Gesprächspartnern des Unternehmens berücksichtigen (z. B. Anredeformen zwischen Mitarbeitern in Gegenwart von außenstehenden Gesprächspartnern).

D Gleiche Gesprächssituation – unterschiedliche Register

a Arbeiten Sie zu zweit. Übernehmen Sie die Rollen des deutschen Mitarbeiters und des Mitarbeiters aus Ihrem Land. Erarbeiten Sie einen Vorschlag für mögliche Anredeformen.

Übliche Formen der Anrede erklären

- *Also, bei uns verwendet man (zwischen Mitarbeitern) meistens/häufig …*
- *In der Regel spricht man … mit … an.*
- *Titel sind …, deshalb …*

Reaktionen auf unübliche Anredeformen erklären

- *Bei der Anrede mit … haben wir eher den Eindruck, …*
- *Die Anrede mit … empfinden wir als …*
- *In der Beziehung zwischen … und … ist es ganz wichtig, … deshalb …*
- *Wenn wir eine/n … mit … anreden sollen, haben wir das Gefühl, …*

Lösungsvorschläge machen

- *Vielleicht wäre es eine gute / die beste Lösung, …*
- *Was halten Sie davon, wenn wir …?*
- *Gäbe es nicht mehr Vorteile als Nachteile, wenn …?*

Einwände formulieren

- *Ja, aber das hätte den Nachteil, …*
- *Meinen Sie nicht, dass dann …?*
- *Ich fürchte, das (führt dazu) …*

Kompromissvorschläge formulieren

- *Können wir uns darauf einigen, dass …?*
- *Ein Kompromiss könnte ja sein, …*
- *Vielleicht wäre es am vernünftigsten, …*

b Präsentieren Sie Ihre Vorschläge. Besprechen Sie gemeinsam Vor- und Nachteile.

5. Vergleichen Sie die bei Ihnen geltenden Konventionen mit denen Ihrer deutschen Partner und Partnerinnen.

a Berichten Sie über Ihre Erfahrungen.

Haben Sie beim Umgang mit Ihren deutschen Partnern den Eindruck gehabt, …

- dass sie in bestimmten Situationen oder gegenüber bestimmten Gesprächspartnern ein anderes Register verwenden, als Sie es erwarten würden?
- dass sie Formulierungen verwenden, die formeller oder weniger formell klingen, als Sie es bei der Kommunikation in Ihrer eigenen Sprache erwarten würden?

Denken Sie dabei an Situationen wie …

- Erstbegegnungen im beruflichen Kontext;
- Empfang von Besuchern und Gästen (im Unternehmen);
- Gespräche zwischen Vorgesetzten und unterstellten Mitarbeitern;
- Gespräche zwischen gleichgestellten Kollegen;
- Kontakt mit Kunden, Geschäftspartnern o. Ä.;
- außerberufliche oder private Kontakte;
- feierliche Anlässe;
- usw.

b Können diese Unterschiede zur Entstehung des „Bildes", das sich beide Seiten voneinander machen (siehe Teil I), beigetragen haben? Diskutieren Sie im Kurs.

Text 3

E █ Gleiche Gesprächssituation – unterschiedliche Etikette

Auch die Etikette, d. h. die Regeln, was man in einer bestimmten Situation bzw. in Anwesenheit bestimmter Personen tun oder unterlassen soll und welche Umgangsformen angemessen sind, unterscheiden sich häufig in verschiedenen Kulturen. Besonders bei Erstbegegnungen signalisieren sich die Gesprächspartner mit der Wahl der Etikette die Art, wie sie die Situation wahrnehmen, wie sie die gegenseitigen Positionen einschätzen und wie sie die Beziehung gestalten wollen.

Etikette und Umgangsformen in Deutschland

1. **Lesen Sie die Beschreibungen von Umgangsformen, die in Deutschland häufig zu beobachten sind. Gelten bei Ihnen im gegebenen Kontext ähnliche oder andere Regeln? Erläutern Sie.**

Deutschland: Umgangsformen im beruflichen Kontext

1. Begrüßung

- Die Regel, dass die unterstellte Person zuerst zu grüßen hat, gilt heute nicht mehr allgemein. Immer häufiger grüßt als Erster derjenige, der mit dem anderen zuerst den Blickkontakt aufgenommen hat.

- Die Entscheidung, ob die Hand gereicht wird oder nicht, liegt allerdings weiterhin bei der jeweils höher gestellten Person.

- Im privaten Bereich ist es auch heute noch grundsätzlich die Dame, welche die Initiative dazu ergreift (oder nicht), und auch eine Kundin sollte man als Mann nicht mit ausgestreckter Hand empfangen.

- Gästen, die Sie im Namen Ihres Vorgesetzten im Unternehmen empfangen, reichen Sie zur Begrüßung die Hand.

- Eine „offen" und „weich" hingehaltene Hand wird als unangenehm empfunden, doch sollte man auch nicht allzu fest zupacken und die Hand des Gegenübers mehrmals schütteln. Üblich ist ein zwar fester, aber kurzer Händedruck.

- Unabhängig von Alter und Geschlecht des Gegenübers schaut man sich bei der Begrüßung in die Augen und lächelt dabei.

2. Vorstellung

- Formeln wie „angenehm" oder „sehr erfreut" erscheinen heute eher als floskelhaft und altmodisch. Meistens reagiert man auf die Vorstellung mit Begrüßung und Namensnennung des Gegenübers: „Guten Tag, Herr/Frau ...", bevor man sich seinerseits vorstellt „Mein Name ist ...".

- Es ist üblich, dass die rangniedrigere Person sich der ranghöheren Person zuerst vorstellt bzw. vorgestellt wird. Bei gleichrangigen Persönlichkeiten gilt „Alter vor Jugend" und „Dame vor Herr": Der Jüngere bzw. der Herr stellt sich also als Erster vor.

- Im Prinzip dürfen Damen bei der Begrüßung sitzen bleiben, während die Herren dabei immer aufstehen. Doch hat sich im beruflichen Umfeld durchgesetzt, dass auch Frauen zur Begrüßung aufstehen. Vielleicht deshalb, weil sie dann beim Begrüßen nicht zu ihrem Gegenüber aufblicken müssen.

- Akademische Titel („Doktor", „Professor") sind Bestandteil des Namens. Sie werden im Allgemeinen zwar nicht von der betroffenen Person selbst, wohl aber von Dritten, die sie vorstellen, genannt und stehen überdies auf der Visitenkarte, im Briefkopf oder bei der Absenderadresse. Sie müssen bei der Anrede und schriftlichen Namensnennung („Herr/Frau Doktor/Professor" + Name) verwendet werden, wenn die Betroffenen darauf nicht ausdrücklich verzichten.

3. Distanz zwischen Gesprächspartnern

- Die Distanz zwischen Gesprächspartnern, die als normal und deshalb „unmissverständlich" (d. h. weder als zu intim/aufdringlich noch als zu reserviert) empfunden wird, ist in Deutschland (wie z. B. auch in England, den skandinavischen Ländern, Kanada und Japan) größer, als z. B. in Spanien, Italien, Südamerika und Indien.

- Bei den letztgenannten Kulturkreisen spricht man von „Ellenbogen-Kulturen", d. h. dass auch im formellen Kontext die Gesprächspartner sich so nahe kommen, dass sie sich mit den Ellenbogen berühren könnten. Deutschland hingegen gehört zu den „Fingerspitzen-Kulturen", d. h. die Gesprächspartner empfinden einen Abstand von etwa doppelter Armeslänge als normal (bei ausgestreckten Armen würden sich ihre Fingerspitzen berühren).

4. Die „Ehrenseite"

- Dem Gast gebührt die „Ehrenseite", das ist die rechte Seite neben dem Gastgeber. Das gilt bei der Tischordnung im Restaurant, bei privater Einladung, aber auch bei der Führung durchs Unternehmen.

- Gibt es mehrere Gäste, so erhält der Ranghöchste diesen Platz.

2. Sind Ihnen weitere Umgangsformen bei Ihren deutschen Partnern und Partnerinnen aufgefallen, die sich von den bei Ihnen üblichen Formen unterscheiden? Berichten Sie.

Missverständnisse aufgrund unterschiedlicher Etikette und Umgangsformen

1. Lesen Sie die folgenden Beispiele, in denen mögliche unterschiedliche Umgangsformen in zwei verschiedenen Kulturen (A und B) beschrieben werden.

	Kultur A	Kultur B
1	**Begrüßung**	
	Wird man von höhergestellten Personen begrüßt, so verbeugt man sich.	Bei der Begrüßung von höhergestellten Personen nickt man leicht mit dem Kopf.
2	**Visitenkarten**	
	Visitenkarten werden nach der gegenseitigen Vorstellung mit einer formellen Geste und Verbeugung überreicht.	Visitenkarten werden am Ende eines Gesprächs, vor der Verabschiedung, ohne besonderes Zeremoniell ausgetauscht.
3	**Betreten eines Raums**	
	Vor dem Eintritt in einen Raum, in dem man eine andere Person vermutet, klopft man und wartet ein *Herein.*, *Ja bitte.* o. Ä. ab.	Betritt man einen Raum, in dem man eine andere Person vermutet, so klopft man und tritt danach ein.
4	**Männer und Frauen**	
	Männer zeigen sich gegenüber Damen „ritterlich", z. B. indem sie ihnen behilflich sind, den Mantel abzulegen, oder ihnen den eigenen Sitzplatz anbieten, wenn kein anderer frei ist.	(Höflichkeits-)Gesten, die geschlechtsspezifische Unterschiede in den Vordergrund stellen, sind – besonders bei beruflichen Kontakten – zu vermeiden.
5	**Kleidung im beruflichen Kontext**	
	Strikte Kleidung (Herren: Weste und Krawatte; Damen: Kostüm) ist auch bei warmen Temperaturen im mittleren und höheren Führungsbereich die Regel.	Die Kleidung wird dem jeweiligen Arbeitskontext angepasst. Sie ist strikter bei Kontakten mit Außenstehenden und bequemer, sportlicher bei Bürotätigkeiten.
6	**Einladung**	
a	Wird man privat eingeladen, kleidet man sich feierlich.	Wird man privat eingeladen, kleidet man sich zwanglos.
b	Am Ende der Mahlzeit achtet der Gast darauf, dass sein Teller völlig geleert ist.	Am Ende der Mahlzeit achtet der Gast darauf, dass ein wenig Speise auf seinem Teller bleibt.

2. **Wie erscheint das Verhalten von Vertretern der einen Kultur wohl den Partnern aus der jeweils anderen Kultur, wenn sie es an den bei ihnen geltenden Konventionen messen? Beschreiben Sie mögliche Einschätzungen auf beiden Seiten.**

Beispiel 1: Begrüßung

Eindruck, der bei Partner A entstehen kann, wenn B bei der Begrüßung nur leicht mit dem Kopf nickt:

- *Das Verhalten von A erscheint ihm vielleicht als (nicht) …*
- *Er empfindet das sicher als …*
- *Er hat möglicherweise den Eindruck, dass der andere …*

Eindruck, der bei Partner B entstehen kann, wenn A sich bei der Begrüßung tief verbeugt:

- *Das Verhalten von A erscheint ihm vielleicht als (nicht) …*
- *…*

galant ▪ zuvorkommend ▪
respektvoll ▪ taktvoll ▪
wohlerzogen ▪ angemessen ▪
aufdringlich ▪ rücksichtslos ▪
respektlos ▪ schlecht erzogen ▪
sonderbar ▪ missverständlich ▪
beleidigend ▪ unterwürfig ▪
verletzend ▪ abschätzig ▪
überheblich ▪ herablassend ▪ …

Beispiel 2: …

3. **Führen Sie als Vertreter der einen oder der anderen Kultur (A oder B) ein klärendes Gespräch mit einem Partner oder einer Partnerin. Orientieren Sie sich dabei an den Erklärungen auf Ihren Rollenkarten und geben Sie möglichst taktvoll zu verstehen, wie das Verhalten Ihres Partners bzw. Ihrer Partnerin von Ihren Landsleuten wahrgenommen wird.**

 Rollenkarte 2

Ein „delikates" Thema ansprechen
- *Vielleicht sollten Sie wissen, dass es hier bei uns als … gilt, wenn man …*
- *Ich würde Ihnen raten, … (nicht) zu … (tun). Hier …*
- *Sie nehmen es mir hoffentlich nicht übel, aber bei uns in … ist es so, dass man …*
- *Hier bei uns in … macht man … (nicht). Sie verstehen vielleicht, dass Ihr Verhalten … bewirkt.*
- *Wahrscheinlich wollen Sie …, wenn Sie … Hier ist es allerdings so, dass …*
- *Ich hoffe, es ist Ihnen recht, wenn ich das anspreche, aber …*
- *Vielleicht haben Sie schon bemerkt, dass …*

4. **Können unterschiedliche Konventionen bei Etiketten und Umgangsformen zur Entstehung des „Bildes", das Ihre Landsleute und Ihre deutschen Partner sich jeweils voneinander machen (siehe Teil I), beigetragen haben? Diskutieren Sie im Kurs.**

Text 4

F Gleiche Sprechweise, gleiche Zeichen – unterschiedliche Bedeutungen

Mehr noch als das Gesagte geben oft die Sprechweise (Stimme, Lautstärke, Sprechtempo), der Umgang mit Pausen, Schweigen, Räuspern usw. Aufschluss darüber, welche Gefühle, welche Absichten und welche Bedeutungen die Sprecher mit ihren Äußerungen verbinden.

Der Einsatz dieser Signale bzw. die Bedeutungen, die mit ihnen verbunden werden, sind in verschiedenen Sprachen und Kulturen sehr unterschiedlich.

Sprechweise und unterschiedliche Interpretationen

▶ 17 **1. Hören Sie sechs Äußerungen in jeweils zwei Varianten (a und b). Beachten Sie dabei die Lautstärke, Intonation, Sprechmelodie, Sprechpausen und das Sprechtempo. Welche Absichten werden jeweils vermittelt? Kreuzen Sie an.**

1. Die Äußerung	ist eine höfliche Frage.	ist eine sachliche Frage.
a	☐	☐
b	☐	☐
2. Die Äußerung	ist ehrlich gemeint.	ist nicht ehrlich gemeint.
a	☐	☐
b	☐	☐
3. Die Äußerung	ist eine Bitte.	ist eine Aufforderung.
a	☐	☐
b	☐	☐

4. Der Sprecher	ist schüchtern, unsicher.	ist selbstbewusst.
a	☐	☐
b	☐	☐
5. Der Sprecher	ist innerlich erregt.	ist innerlich ruhig.
a	☐	☐
b	☐	☐
6. Der Sprecher	ist erstaunt.	ist verärgert.
a	☐	☐
b	☐	☐

2. Welche Erklärungen kann es für den unbefriedigenden Gesprächsverlauf geben?

a Lesen Sie das Fallbeispiel.

Fallbeispiel:* Eine finnische und eine deutsche Delegation trafen sich in Hamburg zu einer Verhandlung. Diese Verhandlung wurde in deutscher Sprache geführt, da die Finnen sehr gut Deutsch sprachen. Ein Deutscher hatte sich bei einem Kollegen erkundigt, wie denn die Finnen so seien. Ruhig und freundlich war die Auskunft, vielleicht ein wenig wortkarg, aber sehr kooperativ.

Als erster Schritt in der Verhandlung wurden die von jeder Seite schriftlich ausgearbeiteten Konzepte vorgestellt. Dann folgte eine Diskussion, in deren Verlauf die Finnen öfters sehr unruhig wurden, manchmal die deutschen Partner unterbrachen, um selbst etwas zu sagen, und manchmal auch „wortkarg" einfach den Ausführungen lauschten und schließlich eine Verhandlungspause wünschten.

Letztendlich musste die Entscheidung vertagt werden, obwohl beide Seiten sehr konkrete Lösungen ausgearbeitet hatten und genügend Zeit hatten, sie der anderen Seite deutlich zu machen.

Die Deutschen verließen sehr irritiert den Verhandlungsort, die Finnen waren sehr verärgert: Die Deutschen seien zu aggressiv, oftmals auch unhöflich gewesen. Ein deutscher Teilnehmer hörte eine Bemerkung eines Finnen, die nach „Das war wieder die deutsche Dampfwalze." klang.

(nach: Müller-Jacquier)

* Das Fallbeispiel wurde ausgehend von Ergebnissen verschiedener empirischer Untersuchungen konstruiert).

b Lesen Sie die unterschiedlichen Konventionen, die bei deutschen und bei finnischen Gesprächspartnern gelten.

Konventionen

Im Deutschen signalisiert man häufig, dass man …

a   sich gegen eine erwartete Unterbrechung wehren will, indem man (etwas) lauter und schneller spricht.

b   zu Ende gesprochen hat bzw. das Rederecht abgibt, indem man die Stimme absenkt (am Ende eines Satzes) und eine Pause nach Abschluss eines Satzes einlegt.

c   besonders überzeugend bzw. deutlich sein will, indem man lauter spricht.

d   betont sachlich und unemotional bleiben will, indem man gleichmäßig, möglichst ohne große Variationen der Stimmhöhe spricht.

e   aufmerksam ist bzw. versteht, was der Gesprächspartner erklärt, indem man mit „hmm", „ja" und/oder Blickkontakt die Ausführungen des Partners begleitet.

Im Finnischen …

a   ist die Satzintonation (bei Aussagesätzen) abfallend, d. h. man senkt die Stimme.

b   dauern Pausen zwischen einzelnen Äußerungen in der Regel etwas länger (als bei Deutschen).

c   sind Bestätigungssignale des zuhörenden Gesprächspartners („aha", „ja", „hmm" usw.) seltener (als bei Deutschen).

d   drückt Anheben der Lautstärke Ärger und Ungeduld aus.

c Erklären Sie, was zum Misserfolg des Gesprächs und zu „Über-Reaktionen" auf beiden Seiten geführt haben kann.

Zum Beispiel:

- *Wenn die Finnen …, dann hatten die Deutschen den Eindruck, …, deshalb …*
- *Die Finnen fühlten sich dann (aber) …, deshalb …*
- *Das interpretierten die Deutschen als … und …, deshalb …*
- *Für die Finnen bedeutete das, …*

3. Vergleichen Sie die bei Ihnen geltenden Konventionen im Hinblick auf Sprechweise und Sprechtempo mit denen, die Sie bei Ihren deutschen Partnern und Partnerinnen beobachtet haben.

a Sind Ihnen Unterschiede beim Einsatz von Lautstärke, Intonation, Sprechmelodie, Sprechpausen und Sprechtempo aufgefallen? Nennen Sie Beispiele.

- *Wenn wir …, dann machen/… wir oft …*
- *Wenn die Deutschen …, dann … machen/… sie oft …*

b Erklären Sie, welcher Eindruck dadurch auf beiden Seiten entstehen kann.

Wenn wir / die Deutschen …, dann
- *… klingt das für uns / für die Deutschen …*
- *… erscheint uns/ihnen das als …*
- *… haben wir/sie den Eindruck, dass …*

Nonverbale Signale bei der Kommunikation

Auch bei nonverbalen Signalen, die die sprachliche Kommunikation begleiten, wie z. B. Mimik, Gestik, Körperhaltung, Körperabstand (zum Gesprächspartner), Blickkontakt (Häufigkeit, Dauer, Intensität des Blicks) oder Kleidung, Auftreten (einschl. Schmuck, Parfüm, gefärbte Haare etc.), unterscheiden sich in verschiedenen Kulturen die Konventionen darüber, welche Bedeutung mit einem bestimmten Signal verbunden wird bzw. welche Signale in einer bestimmten Situation als passend oder unpassend empfunden werden.

1. Spielen Sie die folgende Gesprächssituation mit einem Partner oder einer Partnerin.

Situation: Person A ist neu im Unternehmen oder in der Abteilung und stellt sich einem Kollegen oder einer Kollegin B vor.

a Lesen Sie die Rollenkarten (A und B) und führen Sie das Vorstellungsgespräch.

 Rollenkarte 3

b Berichten Sie, wie Sie das Gespräch erlebt haben. Beantworten Sie dabei die folgenden Fragen.

Gesprächspartner A:
- ▶ Wie haben Sie sich bei dem Gespräch gefühlt?
- ▶ Welchen Eindruck hat Ihr Gesprächspartner auf Sie gemacht?
- ▶ Wie schätzen Sie sein wahres Interesse an Ihnen „als Person" ein? Warum?

Gesprächspartner B:
- ▶ Wie haben Sie sich bei dem Gespräch gefühlt?
- ▶ Was haben Sie dabei bei sich selbst oder bei Ihrem Partner beobachtet?

2. Lesen Sie die Beschreibungen von Verhaltensweisen, Handlungen und Erscheinungsbild von Personen aus verschiedenen Kulturen, die in den jeweiligen Kulturen anscheinend als „normal" empfunden werden.

Man beobachtet häufig, dass Personen …
1. bei einer Diskussion laut werden, wenn sie aufgeregt sind.
2. laut über Argumente/Erklärungen des Partners lachen, die sie nicht überzeugen.
3. häufig ihre Gesprächspartner unterbrechen.
4. auf eine Frage oder ein Angebot oft zunächst mit Schweigen reagieren.
5. besonders bei wichtigen Gesprächspunkten oft sehr leise sprechen.
6. wichtige Gesprächsbeiträge mit eindrucksvoller Gestik und Mimik unterstreichen.
7. beim Sprechen meistens den Blickkontakt vermeiden.
8. die Hand auf den Arm ihrer Gesprächspartner legen oder ihnen auf die Schulter klopfen.
9. beim Gespräch aufspringen oder mit der Hand auf den Tisch schlagen, wenn sie aufgeregt sind.
10. beim Gespräch oft die Beine übereinander schlagen oder sich im Stuhl zurücklehnen.
11. sich gern beim Gespräch die Krawatte lockern (Männer).
12. auch im geheizten Raum oder bei warmem Wetter Krawatte und zugeknöpfte Weste anbehalten (Männer).
13. oft sehr sichtbar geschminkt sind (Frauen).
14. sich ihr Haar färben lassen, wenn sie etwas älter sind (Frauen und auch Männer).
15. gern Blusen oder Kleider mit attraktivem Dekolleté tragen (Frauen).
16. gern große Ringe oder auch goldene Armketten tragen (Männer).

a Wie würde man bei Ihnen diese Signale im beruflichen Kontext interpretieren? Erläutern Sie.

- ■ *… Dem würde man keine besondere Bedeutung geben, denn …*
- ■ *… Das gehört bei uns zu den normalen Verhaltensweisen/Umgangsformen, außer wenn …*
- ■ *… Das sollte man lieber vermeiden/unterlassen, denn das gilt als …*
- ■ *… Das empfinden wir als Zeichen von …*
- ■ *… Das vermittelt bei uns den Eindruck, dass …*

b Sind Ihnen Besonderheiten im Erscheinungsbild, bei Verhaltensweisen und Handlungen Ihrer deutschen Partner aufgefallen, die Sie befremden oder zu bestimmten Urteilen über „die Deutschen" beitragen? Diskutieren Sie im Kurs.

3. Vergleichen Sie die Bedeutung von Gesten oder Zeichen in verschiedenen Kulturen.

a Welche Bedeutung haben die abgebildeten Gesten für Deutsche? Notieren Sie a–e.

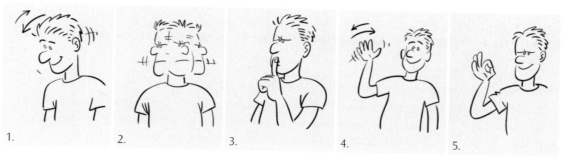

1. 2. 3. 4. 5.

Gesten	Bedeutung
1. mit dem Kopf nicken	☐
2. den Kopf horizontal hin- und herwenden	☐
3. den Finger auf den geschlossenen Mund legen	☐
4. mit der Hand von oben nach unten winken	☐
5. mit Zeigefinger und Daumen einen Kreis bilden, die anderen Finger sind abgespreizt	☐

Bedeutungen

a Tschüss!
b Ja.
c Ausgezeichnet.
d Leise.
e Nein.

b Welche Bedeutung haben diese Gesten bei Ihnen? Kennen Sie Länder oder Kulturen, in denen sie andere Bedeutungen haben?

c Gibt es andere Zeichen oder Gesten bei Ihnen, die Ihre deutschen Partner nicht verstehen oder leicht missverstehen? Berichten Sie.

Das Gewicht von verbalen und nonverbalen Signalen in der Kommunikation

1. **Lesen Sie die Erklärung zur Rolle von verbalen und nonverbalen Signalen in der Kommunikation. Welche Prozentwerte entsprechen Ihrer Meinung nach den verbalen, welche den nonverbalen Signalen? Notieren Sie.**

Bei der Wahrnehmung unserer Gesprächspartner, bei der Einschätzung ihrer Gefühle, ihrer Haltung, ihrer (wahren) Absichten uns gegenüber interpretieren wir nicht nur ihre „Worte", sondern auch ihre Stimme, ihren Tonfall, ihre Körperhaltung, Mimik, Gestik ... – meistens ohne dass dieser Vorgang bewusst wird.

In der Grafik wird das Gewicht der verbalen Botschaften („Worte") und der nonverbalen Signale (Stimme, Tonfall, Körpersprache) bei der Wahrnehmung eines Gesprächspartners dargestellt.

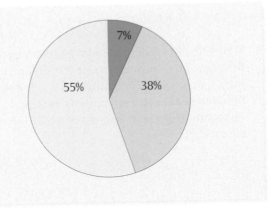

Signale	%
a Worte (die explizite, sprachlich formulierte Botschaft)	
b Tonfall, Stimme (Lautstärke, Stimmlage), Pausen …	
c Körperhaltung, Mimik, Gestik (Handlungen und Verhaltensweisen bei der Kommunikation)	

2. **Lesen Sie den folgenden Artikel und überprüfen Sie Ihre Antworten (Aufgabe a) anhand der Angaben im Text.**

Mit Worten kann man lügen, mit dem Körper nicht

Ein Bild sagt mehr als tausend Worte, so eines der Grundgesetze der Fotografie und Malerei. Bei der Kommunikation ist es ähnlich. Blicke können töten, Hände sprechen Bände, und die Beine verraten oft mehr über das, was im Inneren eines Menschen vorgeht, als seine Worte. (...)

1970 fanden Wissenschaftler der Universität von Pennsylvania heraus, dass nur ganze sieben Prozent der bei einem Gespräch übermittelten Informationen aus dem gesprochenen Wort stammen. 38 Prozent werden aus dem Klang der Stimme entnommen – Tonfall, Sprachmelodie, Rhythmus, Lautstärke. Mehr als die Hälfte, nämlich 55 Prozent, vermitteln Gesichtsausdruck, Hände und Füße, Körperhaltung, das gesamte Erscheinungsbild. Dazu gehören auch Kleidung – Kleider machen Leute – und Statussymbole.

Mehr als neunzig Prozent der vom Kommunikationspartner ausgehenden Signale sind also nicht sprachlicher Natur und beziehen sich auf das „Wie sag ich's?". Nicht einmal 10 Prozent beziehen sich auf das „Was", auf den Inhalt! (...)

Die Sprache des Körpers kann mit dem gesprochenen Wort übereinstimmen, sie kann verbale Äußerungen bestätigen, unterstreichen. Sie kann den Inhalt der verbalen Information aber auch verändern, sich in Widerspruch zu ihr setzen.

(aus: Motivation)

3. **Warum ist dieses Untersuchungsergebnis besonders wichtig für das Verständnis der Probleme, die häufig bei der interkulturellen Kommunikation auftreten? Diskutieren Sie im Kurs.**

 Text 5

G Unterschiedliche Werte, unterschiedliche Einstellungen

In jeder Kultur haben die Menschen gemeinsame Vorstellungen darüber, was als normal, als selbstverständlich, typisch und verbindlich anzusehen ist, wie sie sich zu verhalten haben, wie bestimmte Dinge, Personen und Ereignisabläufe zu sehen und zu behandeln sind. Diese gemeinsamen Werte und Einstellungen regeln das öffentliche und private Leben und geben den Mitgliedern einer Kultur Sicherheit und ein Gefühl von Zusammengehörigkeit. Anhand dieser gemeinsamen Werte und Einstellungen wird das eigene und fremde Handeln wahrgenommen, interpretiert und bewertet.

Werte und Normen

1. Lesen Sie den Text, in dem der Erzähler eine Reihe von Handlungen beschreibt, die ihm ein schlechtes Gewissen verursachen.

Meine persönliche Bestleistung liegt bei sechzehn Schuldgefühlen auf zwölf Kilometer Fahrstrecke. Mehr ist kaum zu schaffen: Ich fuhr mit dem Saab eines Freundes, den ich als meinen eigenen ausgab, nach der Arbeit nach Hause anstatt wie sonst mit dem Rad, nahm dabei nur Sibylle mit, die ich vor der Tür traf, ohne es meiner Freundin nachher zu erzählen und ohne Frau Wecker zu fragen, die denselben Heimweg hat-
5   te, ich fuhr dabei so schnell durch eine Tempo-30-Zone, dass eine Mutter mit Kinderwagen wegspringen musste, warf meine Zigarettenkippe aus dem Auto, am Ortsausgang ließ ich einen Tramper stehen, fuhr dann an einem Plakat vorbei, das für die Europawahl warb, zu der ich gestern nicht gegangen war, und schnitt anschließend beim Abbiegen einen Radfahrer, der mir einen Vogel zeigte, fuhr am Haus des Zahnarztes vorbei, bei dem ich letzten Montag eigentlich einen Kontrolltermin gehabt hätte, nahm verschämt
10   die Klassik-CD aus dem Autoradio, griff beim linkshändigen Kramen nach einer cooleren CD in dem Fach der Autotür in die mayonnaise-verschmierten Reste einer Big-Mäc-Verpackung vom frühmorgendlichen Besuch bei McDrive, schreckte auf, weil ich bei dem Versuch, die Mayonnaise unbemerkt an die Unterseite des Fahrersitzes zu schmieren, fast rechts von der Fahrbahn gekommen wäre und Sibylle, sehr bleich, bereits symbolische Bremsbewegungen machte, dann fuhr ich über ein Stück Erde auf der Straße, das sich
15   beim Drüberfahren als Kröte entpuppte, um nach einem kurzen Blick auf die Videothek, bei der ich seit vier Wochen American Beauty abgeben musste, den ich als Einziger immer noch nicht angesehen hatte, zu Hause anzukommen, und erinnerte mich in diesem Moment daran, dass ich versprochen hatte, heute endlich bei meiner Großmutter im Krankenhaus vorbeizuschauen.

(aus: Florian Illies, Anleitung zum Unschuldigsein)

Worterklärungen: einen ausgeben: ein Getränk spendieren / **wegspringen:** zur Seite springen / **Zigarettenkippe:** Rest einer Zigarette / **Ortsausgang:** Ende der Stadt od. des Stadtteils / **Tramper:** Person am Straßenrand, die gratis mitfahren möchte / **jemanden schneiden:** jd. den Weg abschneiden, jd. behindern / **einen Vogel zeigen:** jd. beleidigen, indem man mit dem Finger an die Stirn tippt / **verschämt:** mit Schamgefühl (wenn jd. gemerkt hat, dass man nicht nach der Konvention gehandelt hat) / **linkshändig:** mit der linken Hand / **kramen:** herumsuchen / **bleich:** blass (fast weiß) / **Kröte:** Frosch / **sich entpuppen:** in Wirklichkeit sein

a Notieren Sie sechs Beispiele von „Sünden", die der Erzähler auf dem Weg nach Hause begeht. Anhand welcher Normen bewertet er das eigene Handeln? Notieren Sie Stichworte.

Zeile	„Sünde" – Das macht er:	Norm – Das sollte er (nicht) tun:
2	1. Er behauptet, dass das teure Auto seines Freundes ihm selbst gehört.	*Man soll nicht mehr scheinen wollen, als man ist.*

b Besprechen Sie Ihre Antworten im Kurs und diskutieren Sie: Welche Werte werden deutlich? An welchen gesellschaftlichen Regeln orientiert sich der Autor?

Kulturdimensionen

Als „Kulturdimensionen" bezeichnet man ausgewählte Kriterien, mit denen eine Kultur beschrieben und mit anderen Kulturen verglichen werden kann.

Beispiele von Kulturdimensionen

a Regelorientierung (Einstellung gegenüber Regeln)

b Umgang mit der Zeit (Planung von Handlungsabläufen, Bedeutung von Terminen)

c Raumverhalten (Bedeutung von Positionen im Raum, Entfernung und Nähe)

d Individualismus/Kollektivismus (Bedeutung von Individuum und Gruppe)

e Machtdistanz (akzeptierter Abstand zwischen Macht- und Hierarchie-Ebenen)

f Unsicherheitsvermeidung (akzeptiertes Maß von Unsicherheiten, Risiken)

1. Um welche der oben genannten Kulturdimensionen (a–f) geht es bei den folgenden Fragen? Notieren Sie a–f. (Mehrfachantworten möglich)

Fragen zu den Merkmalen einer Kultur	a–f
1. Darf man Vorgesetzten widersprechen?	
2. Gelten die gleichen Regeln für alle oder macht man Unterschiede zwischen Personen, die zur eigenen Gruppe gehören, und „Außenstehenden"?	
3. Hält man schriftliche Regelungen für unerlässlich, um Störungen oder Konflikte zu vermeiden?	
4. Erwarten Mitarbeiter, dass sie in Entscheidungsprozesse einbezogen werden?	
5. Legt man großen Wert auf die Einhaltung zeitlicher Verpflichtungen oder geht man eher „großzügig" mit Fristen und Zusagen um?	
6. Müssen einmal getroffene Abmachungen, Verträge und Vereinbarungen eingehalten werden oder werden sie häufig neu verhandelt oder abgeändert?	
7. Sind Aufgaben wichtiger als zwischenmenschliche Beziehungen?	
8. Verfolgt jeder eher seine individuellen Ziele oder hat für alle die Verwirklichung des Gruppenziels einen hohen Stellenwert?	
9. Was gilt als intimer, persönlicher Raum, was gilt als öffentlicher Raum?	
10. Welche räumliche Distanz wird von Gesprächspartnern in einer bestimmten Situation und Beziehung als angemessen empfunden?	
11. Werden Aufgaben in einer vorher geplanten Reihenfolge „abgearbeitet" oder zieht man es vor, mehrere Dinge gleichzeitig zu tun?	
12. Werden Personen nach ihrer individuellen Leistung beurteilt oder gemäß ihrer Gruppenzugehörigkeit?	
13. Ist man Veränderungen gegenüber meistens erst einmal misstrauisch oder ist man eher risiko- und innovationsbereit?	
14. Gehorchen Mitarbeiter den Anweisungen Ihrer Vorgesetzten ohne Widerspruch oder werden Anweisungen auch mal „diskutiert"?	
15. Wird Pünktlichkeit als eine Tugend angesehen?	
16. Wird Verantwortung delegiert oder wird die Ausführung von Aufgaben streng überwacht?	

2. Vergleichen Sie anhand der Fragen (Aufgabe 1) Merkmale Ihrer eigenen Kultur mit der Ihrer deutschen Partner und Partnerinnen: Welche Übereinstimmungen und welche Unterschiede stellen Sie fest? Diskutieren Sie im Kurs.

📄 Text 6

Wertvorstellungen in verschiedenen Kulturen

Probleme treten in der interkulturellen Kommunikation dann auf, wenn die Wertvorstellungen, an denen sich die Vertreter verschiedener Kulturen in ihren eigenen Handlungen und Verhaltensweisen – und bei der Beurteilung von Handlungen, Verhaltensweisen des jeweils „anderen" – orientieren, unterschiedlich sind.

1. **Lesen Sie die Beschreibung einer Untersuchung in verschiedenen Kulturen.**

Untersuchung

In verschiedenen Ländern/Kulturen wurde den befragten Personen die folgende Situation beschrieben und eine abschließende Frage gestellt, mit der Aufforderung, sich für eine der drei vorgegebenen Antworten zu entscheiden.

Situation: Sie fahren mit einem guten Freund im Auto mit. In einem wenig belebten Stadtviertel fährt er einen Fußgänger an. Da Sie auf den Tachometer geschaut haben, wissen Sie genau, dass er über 50 km/h in einer Straße gefahren war, in der nur 30 km/h erlaubt sind. Außer Ihnen gibt es keine anderen Zeugen.

Der Rechtsanwalt Ihres Freundes macht Ihnen einen Vorschlag: Wenn Sie bezeugen, dass er nur 30 km/h fuhr, können Sie ihn vor ernsthaften Konsequenzen bewahren.

Welchen Anspruch hat Ihr Freund darauf, dass Sie zu seinen Gunsten aussagen?

1. Als mein Freund hat er auf jeden Fall Anspruch darauf.
2. Als mein Freund hat er einen gewissen Anspruch darauf.
3. Auch als mein Freund hat er keinen Anspruch darauf.

(nach: Trompenaars)

---

a Um welche Wertvorstellungen geht es bei der Entscheidung, die hier getroffen werden soll?

b Welches Ergebnis würden Sie bei den Antworten auf Frage 3 erwarten, wenn diese Umfrage bei Ihren Landsleuten durchgeführt würde? Kreuzen Sie an.

Antwort 3   0–25% ☐   25–50% ☐   50–75% ☐   75–100% ☐

c **Diskutieren Sie Ihre Vermutungen im Kurs und beantworten Sie die folgenden Fragen.**
  ▶ Wie würden Ihre Landsleute ihre Entscheidung für Antwort 1 und 2 oder Antwort 3 begründen?
  ▶ An welchen Wertvorstellungen in Ihrer Kultur würden sich diese Entscheidungen orientieren?

d **Vergleichen Sie Ihre Antworten in b mit den Prozentwerten in der Tabelle.**

📖 Rollenkarte 4

Variante 1: Ihr Land wird in der Tabelle aufgeführt.
  ▶ Haben Sie ähnliche Werte vermutet? Welche Gründe kann es für größere Abweichungen zwischen den Untersuchungsergebnissen und Ihren Antworten geben?

Variante 2: Ihr Land wird nicht in der Tabelle aufgeführt.
  ▶ Welche Länder oder Kulturkreise haben ähnliche Werte, wie das Ergebnis, dass Sie für Ihr Land vermutet haben? Erscheint Ihnen das überzeugend? Warum (nicht)?

e **Für einige Länder/Kulturen in der Tabelle gibt es sehr unterschiedliche Untersuchungsergebnisse (z. B. Südkorea und Kanada). Welche unterschiedlichen Werte in diesen Kulturen könnten dies erklären?**

2. **Identifizieren Sie mögliche Probleme bei der Zusammenarbeit, die aufgrund unterschiedlicher Wertvorstellungen in zwei Kulturen entstehen können.**

a **Lesen Sie die Beschreibung der Situation und der Wertvorstellungen in beiden Kulturen.**

Situation: Ein Unternehmen der Kultur A und ein Unternehmen der Kultur B haben eine engere Zusammenarbeit und den Aufbau einer gemeinsamen Niederlassung vereinbart.

Wertvorstellungen in Kultur A	Wertvorstellungen in Kultur B
1. Es wird hoch angesehen, wenn Menschen selbstständig handeln, **Initiative** zeigen und möglichst autonom arbeiten.	**1.** Man erwartet, dass die **Verantwortung** von zentralen Personen ausgeübt wird, die dann die Ausführung von Aufgaben delegieren.
2. Anpassungsfähigkeit und Improvisationstalent werden geschätzt, weil sie erlauben, sich an neue, unvorhergesehene Situationen anzupassen.	**2. Genaue Planung**, Pünktlichkeit und Sorgfalt werden geschätzt, weil sie erlauben, böse Überraschungen und Pannen zu vermeiden.
3. Als **kompetente Mitarbeiter** schätzt man diejenigen, die neue und innovative Lösungen finden, die mehr als das Erwartete erreichen.	**3.** Als **kompetente Mitarbeiter** schätzt man diejenigen, die eine Aufgabe wie geplant in der vorgesehenen Zeit zu Ende führen.
4. Führungsautorität gründet sich auf Leistung, Ergebnissen und Verdiensten.	**4. Führungsautorität** beruht auf Herkunft, Ausbildung und Diplomen.
5. Ehre ist eher eine private Angelegenheit. Personen fühlen sich verhältnismäßig sicher in ihrer sozialen und beruflichen Position.	**5.** Eigene oder fremde Handlungen und Verhaltensweisen werden danach beurteilt, ob dabei „das Gesicht gewahrt wird". Eine **Ehrverletzung** zerstört die soziale Position.
6. Im beruflichen Bereich steht die Aufgabe und die **Sache** im Vordergrund.	**6.** Im beruflichen Bereich spielt der Auf- und Ausbau von **Beziehungen** eine wichtige Rolle.
7. Arbeitsplätze sind „**persönliche Territorien**" (oft durch Anordnung, persönliche Objekte markiert). Die Ausstattung des Büros ist ein wichtiges Statussymbol.	**7.** Arbeitsplätze und Büros sind „**Arbeitsmittel**", die häufig auch kollektiv von verschiedenen Mitarbeitern genutzt werden.

b **An welchen dieser Wertvorstellungen (1–7) werden sich die Betroffenen aus beiden Kulturen bei den folgenden Ereignissen orientieren? Notieren Sie 1–7. (Mehrfachantworten möglich)**

Ereignisse	Werte
a Ein Mitarbeiter (Kultur B) wird in eine Abteilung (in Kultur A) versetzt.	
b Ein Kollege (Kultur A) teilt ein gemeinsames Büro mit einem Kollegen (Kultur B).	
c Die Unternehmensleitungen der beiden Unternehmen planen ein erstes gemeinsames Treffen der verantwortlichen Mitarbeiter.	
d Es soll ein Leiter für eine Abteilung, die gemeinsam aufgebaut wird, eingestellt werden.	
e Im Anschluss an wiederholte Probleme lässt der verantwortliche Produktionsleiter (Kultur A) den zuständigen Meister (Kultur B) des betroffenen Produktionsbereichs zu sich rufen.	
f Man plant den Aufbau einer Produktionsanlage. Während der Bauphase entwickeln die Ingenieure (Kultur A) ein neues Verfahren, das zu einer Qualitätsverbesserung des Produkts beitragen könnte. Die praktische Umsetzung würde aber zusätzliche Zeit und eine neue Gesamtplanung erfordern.	

c **Beschreiben Sie unterschiedliche Vorgehens- und Verhaltensweisen, Prioritäten und Erwartungen der Partner bei den Ereignissen. Welche Missverständnisse oder Konflikte können entstehen?**

3. Identifizieren Sie verschiedene Ursachen bei der Entstehung von interkulturellen Kommunikationsproblemen.

a Lesen Sie die folgenden Beschreibungen von Situationen, in denen Gesprächspartner A (aus Kultur A) unsicher ist, wie er die Reaktionen von B (aus Kultur B) verstehen soll. (Kultur A und B verschieden von Kultur A und B in Aufgabe 2)

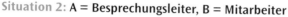

Situation 1: A = Vorgesetzter, B = unterstellter Mitarbeiter

A schlägt B vor, die Leitung einer neuen Zweigstelle des Unternehmens zu übernehmen. A geht davon aus, dass B in der Übertragung von Verantwortung – so wie er selbst – eine Auszeichnung sieht.

Reaktion von B: *„Ja, vielleicht kann ich das machen. Ich danke Ihnen jedenfalls für das ehrenvolle Angebot."*

A hat den Eindruck, dass B ausweichend antwortet und das Angebot nicht annehmen will.

Situation 2: A = Besprechungsleiter, B = Mitarbeiter

Während einer Besprechung kritisiert A die Ergebnisse, die von B vorgelegt wurden: *„Diese Ergebnisse liegen 20% unter dem Planungsziel. Da muss doch etwas schief gelaufen sein!"*

Reaktion von B: Er schaut vor sich auf den Tisch und antwortet offensichtlich unwillig: *„Ja, Sie haben sicher recht."* Dann schweigt er.

A hat den Eindruck, dass B zwar seine schlechten Ergebnisse eingesteht, sich aber wenig engagiert zeigt, sie zu verbessern.

Situation 3: A und B = Geschäftspartner

Eine längere Geschäftsverhandlung zwischen A und B über ein wichtiges, gemeinsames Projekt hat zur Einigung über alle Punkte geführt. A streckt B die Hand hin: *„Also, top? Machen wir das Geschäft?"*

Reaktion von B: Er zögert, die ausgestreckte Hand zu ergreifen und sagt: *„Tja, also … es freut mich auch, dass wir zu einem für beide Seiten befriedigenden Ergebnis gekommen sind und die Chancen für eine konstruktive Zusammenarbeit zwischen unseren Unternehmen verbessert haben. Die Ausarbeitung des Vertrags wird sicher keine Schwierigkeiten bereiten. Es wäre uns eine Ehre, wenn wir Sie dann zur Unterzeichnung in unserem Unternehmen empfangen dürften."*

A fragt sich, ob B Zeit gewinnen will, um die gerade getroffene Vereinbarung noch einmal in Frage zu stellen oder ob er nicht genug Entscheidungsmacht hat, um das Geschäft abzuschließen.

Situation 4: A = neu eingestellter Mitarbeiter, B = Mitarbeiter

A fragt B: *„Wie wechselt man denn bei dem Kopierer die Patrone aus?"*

Reaktion von B: *„Die Gebrauchsanweisung liegt da hinten im Schrank."*

A hat den Eindruck, dass B nicht (mehr) von ihm gestört werden möchte.

b Welche Reaktion von B hätte Partner A in den Situationen 1–4 entsprechend seinen eigenen Konventionen und Kulturstandards wohl erwartet?

c Möglicherweise hat B eine andere Mitteilungsabsicht, als A vermutet. Welche kulturbedingten Unterschiede könnten das Missverständnis erklären? Nennen Sie für jede Situation jeweils zwei mögliche Ursachen:

1. unterschiedliche Werte und Kulturstandards;

2. unterschiedliche Konventionen für die sprachliche Realisierung von Mitteilungsabsichten.

Einstellungen und Wertsvorstellungen

1. Lesen Sie Beobachtungen von Vertretern anderer Kulturen bei der Zusammenarbeit mit Deutschen.

a Wie schätzen Sie im Vergleich dazu Einstellungen und Wertvorstellungen in Ihrer eigenen Kultur ein? Markieren Sie.

Das ist bei uns: genauso (++), ziemlich ähnlich (+), etwas anders (–), ganz anders (– –).

Beobachtungen bei der Zusammenarbeit mit Deutschen	Bei uns
1. Regeln sind für sie verbindlich. Sie sind Richtlinien, die für alle gelten und die alle anwenden.	
2. Sie identifizieren sich mit ihren Tätigkeiten, sie nehmen ihre Arbeit/Rollen sehr ernst.	
3. Sie sind überzeugt, dass Aufgaben am besten bewältigt werden, wenn sie zunächst einmal geplant, organisiert und strukturiert werden.	
4. Wenn sie gemeinsam eine Entscheidung getroffen haben, erwarten sie, dass alle Beteiligten ihre Aufgaben korrekt ausführen.	
5. Sie finden es wichtig, sich exakt an Vorgaben zu halten. Wer das kann, gilt als zuverlässig und vertrauenswürdig.	
6. Sie erwarten von einer Tätigkeit, dass sie ihnen die Möglichkeit gibt, Verantwortung zu übernehmen und Initiative zu entwickeln.	
7. Sie trennen berufliche und private Sphäre ziemlich strikt.	
8. Sie sind es gewohnt, zwischen der „Person" und ihrer „Rolle" oder ihrer „Sache" (was sie gemacht hat) zu trennen.	
9. Sie planen ihre Aufgaben und Tätigkeiten nacheinander und erledigen sie in dieser Reihenfolge.	
10. Planungsänderungen müssen gut begründet sein, sonst empfindet man sie als ärgerliche Störung.	
11. Wer etwas braucht (Hilfe, Informationen), drückt das deutlich aus und erwartet nicht, das die anderen dies „erraten".	
12. Sie schätzen langjährige Berufserfahrung hoch ein. Allzu brillante, abwechslungsreiche Karrieren machen sie misstrauisch.	
13. Sie machen keinen grundsätzlichen Unterschied zwischen fremden Menschen und ihnen persönlich bekannten Personen.	
14. Personen, die ihre Meinung offen sagen, Kritik äußern, einen eigenen Standpunkt vertreten, werden – auch von Vorgesetzten – geschätzt.	
15. Sie sind überzeugt, dass ein Problem nur dann wirklich gelöst werden kann, wenn Ursachen und Verantwortlichkeiten klar erkannt und ausgesprochen wurden.	
16. Sie informieren detailliert und ausführlich und legen Wert darauf, detailliert und ausführlich informiert zu werden, am liebsten schriftlich.	
17. Im Bereich der beruflichen Tätigkeit haben formelle Beziehungen den Vorrang. Man ist überzeugt, dass dies die Zusammenarbeit und die Effizienz fördert.	

b Diskutieren Sie die Antworten im Kurs.

2. Sind Ihnen andere Beispiele von Einstellungen oder Wertvorstellungen Ihrer deutschen Partner und Partnerinnen aufgefallen, die sich von denen, die bei Ihnen gültig sind, unterscheiden? Berichten Sie anhand von konkreten Beobachtungen und Erfahrungen.

G Unterschiedliche Werte, unterschiedliche Einstellungen

Wege zur erfolgreichen Zusammenarbeit

A Sich auf den Partner bzw. die Partnerin einstellen

B Maßnahmen zur Verbesserung der Zusammenarbeit vorschlagen

C Über eine Versetzung nach Deutschland verhandeln

A ▮ Sich auf den Partner bzw. die Partnerin einstellen

1. Verfassen Sie einen kleinen Ratgeber für Mitarbeiter und Mitarbeiterinnen eines Partnerunternehmens.

Situation: Ein deutsches Unternehmen und ein Unternehmen Ihres Heimatlandes planen die Gründung einer gemeinsamen Niederlassung, in der Mitarbeiter aus beiden Ländern/Kulturen auf allen hierarchischen Ebenen zusammenarbeiten werden.

Auf beiden Seiten wird eine Gruppe von Mitarbeitern der betroffenen Unternehmen damit beauftragt, einen kleinen „Ratgeber" mit Informationen über das eigene Land, die eigenen Landsleute, Gepflogenheiten im beruflichen Bereich usw. zu verfassen, die dem jeweils anderen Partner bei der zukünftigen Zusammenarbeit hilfreich sein können.

a Arbeiten Sie in zwei Gruppen und sammeln Sie Vorschläge für nützliche Informationen über das Land, das Sie vertreten. Berücksichtigen Sie dabei Aspekte des privaten, beruflichen und gesellschaftlichen Lebens, die Ihnen bedeutungsvoll erscheinen (z. B. auch die Konventionen, die Sie in den vorangegangenen Aufgaben kennen gelernt haben).

<u>Gruppe A:</u> Sie repräsentieren die Mitarbeiter Ihres eigenen Landes und verfassen diesen Ratgeber für Ihre deutschen Partner.
<u>Gruppe B:</u> Sie repräsentieren die deutschen Mitarbeiter und verfassen diesen Ratgeber für die Mitarbeiter des Partnerlandes.

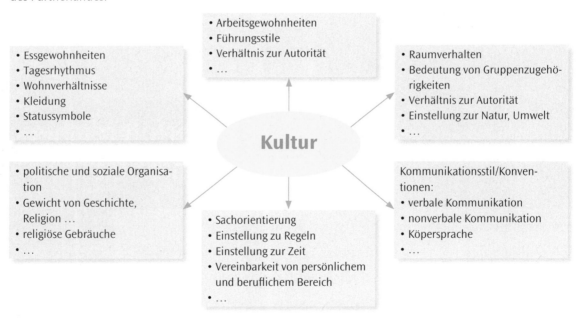

- Arbeitsgewohnheiten
- Führungsstile
- Verhältnis zur Autorität
- …

- Essgewohnheiten
- Tagesrhythmus
- Wohnverhältnisse
- Kleidung
- Statussymbole
- …

- Raumverhalten
- Bedeutung von Gruppenzugehörigkeiten
- Verhältnis zur Autorität
- Einstellung zur Natur, Umwelt
- …

Kultur

- politische und soziale Organisation
- Gewicht von Geschichte, Religion …
- religiöse Gebräuche
- …

- Sachorientierung
- Einstellung zu Regeln
- Einstellung zur Zeit
- Vereinbarkeit von persönlichem und beruflichem Bereich
- …

Kommunikationsstil/Konventionen:
- verbale Kommunikation
- nonverbale Kommunikation
- Köpersprache
- …

b Erstellen Sie eine Liste mit 15 Informationen, die Ihnen im Hinblick auf die konstruktive Zusammenarbeit besonders wichtig erscheinen.

<u>Gruppe A:</u> „15 Dinge, die unsere deutschen Partner über uns wissen sollten"
<u>Gruppe B:</u> „15 Dinge, die unsere (…) Partner über uns Deutsche wissen sollten"

2. Präsentieren und diskutieren Sie Ihre Vorschläge im Kurs.

B Maßnahmen zur Verbesserung der Zusammenarbeit vorschlagen

1. Schlagen Sie Maßnahmen vor, mit denen die konstruktive Zusammenarbeit zwischen Mitarbeitern und Mitarbeiterinnen von zwei Partnerunternehmen gefördert werden kann.

Situation: Sie sind Mitarbeiter eines deutschen Unternehmens und eines Unternehmens in Ihrem Heimatland. Beide Unternehmen planen die Gründung einer gemeinsamen Niederlassung, in der Mitarbeiter aus beiden Ländern/Kulturen auf allen hierarchischen Ebenen zusammenarbeiten werden.
Eine gemischte Gruppe aus Mitarbeitern der beiden Unternehmen wird beauftragt, …

- voraussehbare Probleme bei der Zusammenarbeit, z. B. aufgrund unterschiedlicher Formen der Kommunikation, der Beziehung zwischen Vorgesetzten und Mitarbeitern, der Arbeitsorganisation usw. zu identifizieren;
- entsprechende Vorschläge für geeignete Maßnahmen auszuarbeiten, um die Mitarbeiter aus beiden Ländern auf die künftige Zusammenarbeit vorzubereiten und kulturbedingte Missverständnisse bzw. Kommunikationsprobleme bei der späteren Zusammenarbeit möglichst zu vermeiden oder zumindest schnell zu erkennen und zu entschärfen.

a Arbeiten Sie in mehreren Gruppen. Identifizieren Sie mögliche Ursachen von Missverständnissen oder Problemen bei der alltäglichen Zusammenarbeit.

b Erarbeiten Sie Vorschläge, wie entsprechende Schwierigkeiten vermieden oder behoben werden könnten.

2. Präsentieren und diskutieren Sie Ihre Vorschläge im Kurs.

C Über eine Versetzung nach Deutschland verhandeln

1. Bereiten Sie ein Gespräch über eine Versetzung nach Deutschland vor.

Situation: Ein Unternehmen der Elektroindustrie hat weltweit eigene Niederlassungen, u. a. auch in Ihrem Land. Die Niederlassungen werden meistens von Deutschen geführt, die übrigen Mitarbeiter kommen aus dem jeweiligen Standortland. Zur Unternehmenspolitik gehört ein Austauschprogramm: Einigen der einheimischen Mitarbeiter wird eine einjährige Versetzung nach Deutschland angeboten, um sie mit den Arbeitsmethoden und Qualitätsanforderungen in Deutschland vertraut zu machen. Die Auswahl für diesen Einsatz gilt dabei als Anerkennung guter Leistungen und als Chance für berufliche Weiterentwicklung. Der deutsche Personalleiter der Niederlassung in Ihrem Land wird entsprechende Gespräche mit ausgewählten Mitarbeitern führen, die er zur Teilnahme an diesem Austauschprogramm bewegen will.

a Notieren Sie Stichworte zu den Interessenlagen der betroffenen Mitarbeiter.

Mitarbeiter	
Vorteile des Angebots für sie	
Mögliche Nachteile oder Probleme für sie	
Fragen, die sie sicher stellen werden	
Einwände, die sie nennen können	
Bedingungen, die sie stellen können	
andere Aspekte	

b Bestimmen Sie gemeinsam mögliche (jedoch „realistische") Rahmenbedingungen aus Sicht der Unternehmensleitung. Notieren Sie Stichworte.

Rahmenbedingungen	
Versetzung mit/ohne Familie	
Unterbringung in Deutschland	
Tätigkeit im deutschen Unternehmen	
Umzugskosten	
sprachliche und „kulturelle" Vorbereitung	
Reisen ins Heimatland	

c Übernehmen Sie eine der beiden Rollen (Vorgesetzter/Vorgesetzte oder Mitarbeiter/Mitarbeiterin). Lesen Sie Ihre Rollenkarte und bereiten Sie Ihre Gesprächsbeiträge vor.

📖 Rollenkarte 5

2. Führen Sie das Gespräch mit einem Partner oder einer Partnerin.

3. Berichten Sie über den Gesprächsverlauf: Entsprach er Ihren Erwartungen? Gab es dabei interkulturell bedingte Schwierigkeiten? Welche Gesprächsziele haben Sie (nicht) erreicht?

4. Erläutern Sie schwierige und angenehme Seiten einer beruflichen Tätigkeit in Deutschland, die Sie selbst erlebt haben, die Sie von Kollegen oder Kolleginnen gehört haben bzw. die Sie erwarten, wenn Sie selbst nach Deutschland versetzt würden.

Teil VI

Kommunikationsmittel:
Interkulturelle Kommunikation

Übersicht

1. **Sie schildern Erfahrungen, Beobachtungen, Eindrücke**

   a Sie berichten über Erlebnisse, Erfahrungen mit Deutschen/…

   b Sie bestätigen oder relativieren Einschätzungen und Eindrücke

   c Sie beschreiben Zwischenfälle bei der Zusammenarbeit

   d Sie erläutern eigene Reaktionen und Gefühle

2. **Sie klären Bedeutungen**

   a Sie fragen nach Bedeutungen

   b Sie erklären Bedeutungen

   c Sie nennen alternative Formulierungen

   d Sie überprüfen Ihr Verständnis

3. **Sie sprechen Probleme an und schlagen Lösungen vor**

   a Sie möchten ein „delikates" Thema ansprechen

   b Sie machen Lösungsvorschläge

   c Sie formulieren Einwände

4. **Sie machen Vorschläge zur Anredeform bzw. reagieren darauf**

   a Sie erinnern an die bei Ihnen üblichen Anredeformen

   b Sie machen Vorschläge zur Anredeform

   c Sie reagieren auf Vorschläge zur Anredeform: zustimmend/ablehnend

   d Sie erklären Ihre Reaktion

5. **Sie steuern ein Gespräch**

   a Sie machen Vorschläge zur Gesprächsplanung

   b Sie stellen Einverständnis über die Gesprächsplanung her

   c Sie leiten zum Gegenstand des Gesprächs über

   d Sie möchten einen Punkt abschließen oder zum nächsten Punkt übergehen

   e Sie möchten ein Thema oder einen Punkt zurückstellen

   f Sie bitten um Stellungnahme

   g Sie fassen (Zwischen-)Ergebnisse zusammen

   h Sie möchten das Gespräch abschließen

6. **Sie leiten eigene Gesprächsbeiträge ein**

   a Sie bitten ums Wort

   b Sie möchten jemanden unterbrechen

   c Sie möchten sich gegen eine Unterbrechung wehren

   d Sie überprüfen Ihr Verständnis

   e Sie präzisieren oder berichtigen Antworten

   f Sie möchten einen anderen bzw. weiteren Punkt ansprechen

   g Sie möchten auf einen vorher besprochenen Punkt zurückkommen

1. Sie schildern Erfahrungen, Beobachtungen, Eindrücke

a Sie berichten über Erlebnisse, Erfahrungen mit Deutschen/…
- *Ich habe oft bemerkt/beobachtet, dass die Deutschen …*
- *Es ist mir aufgefallen, dass …*
- *Ich habe oft die Beobachtung/Erfahrung gemacht, dass …*
- *Wenn man …, ist es häufig so, dass die Deutschen …*
- *Die Deutschen, die ich kenne / denen ich begegnet bin / mit denen ich zu tun habe, …*

b Sie bestätigen oder relativieren Einschätzungen und Eindrücke
- *Ich kann aus meiner Erfahrung (nicht wirklich) bestätigen, dass …*
- *Ich habe auch/eher/eigentlich (nicht) den Eindruck, dass …*
- *Ich empfinde/erlebe sie auch/nicht als …*
- *Die Deutschen, mit denen ich zu tun (gehabt) habe, waren/sind oft (nicht) …*
- *Das entspricht auch/nicht meinen eigenen Erfahrungen mit ihnen. …*
- *Die meisten Deutschen, die ich getroffen habe, …*
- *Ich persönlich finde die Deutschen wirklich / ziemlich / überhaupt nicht …, denn …*

c Sie beschreiben Zwischenfälle bei der Zusammenarbeit
- *Wir / Die Deutschen haben die Gewohnheit, …*
    - *… Das empfinden die Deutschen / wir als …*
    - *… Darauf reagieren sie/wir mit …*
- *Bei Besprechungen/Verhandlungen/Diskussionen/persönlichen Gesprächen …*
- *Wenn es um … / darum geht, dass …, (dann) …*
- *Wenn ich/wir mit deutschen Partnern/Kunden/Lieferanten/Kollegen …, (dann) …*
    - *… passiert es oft … / kommt es oft vor … / ist es oft so, dass wir/sie …*
    - *… sind wir/sie oft überrascht/verunsichert/ratlos/verärgert/…, weil …*
    - *… gibt es wegen … / kommt es wegen … oft zu Missverständnissen/Spannungen/ Meinungsverschiedenheiten/Konflikten.*
- *Wenn wir … (wollen), dann … wir oft …*
  Für die Deutschen klingt das sicher / erscheint das sicher als …
- *Wenn die Deutschen … (wollen), dann … sie oft …*
  Für uns klingt das / erscheint das als …

d Sie erläutern eigene Reaktionen und Gefühle
- *Ich hatte mich gefragt / Ich habe nicht verstanden, warum Sie … (nicht) …*
- *Ich hatte den Eindruck, dass …*
- *Mir erschien die Tatsache / der Umstand, dass Sie …, als ein Zeichen dafür, dass …*
- *Es hat mich (etwas) überrascht / befremdet / misstrauisch gemacht, dass …*
- *Als Sie …, fand ich das …*

2. Sie klären Bedeutungen

a Sie fragen nach Bedeutungen

- *Was genau verstehen Sie unter …?*
- *Was meinen Sie, wenn Sie … sagen?*
- *Welche Bedeutung hat für Sie das Wort / die Wendung …?*

b Sie erklären Bedeutungen

- *Damit meine ich …*
- *Das bedeutet für mich …*
- *Das ist etwas, was man z. B. bei … tut/gibt/ bekommt/macht/…*
- *Damit ist bei uns … gemeint.*
- *In diesem Kontext bedeutet das Wort / die Wendung … bei uns, dass …*

c Sie nennen alternative Formulierungen

- *Statt … würde ich hier … sagen.*
- *Um das auszudrücken, würden wir wohl eher das Wort / die Wendung … benutzen.*
- *In diesem Kontext würde man bei uns eher … verwenden, um dasselbe auszudrücken.*

d Sie überprüfen Ihr Verständnis

- *Was genau ist gemeint, wenn man von … spricht?*
- *Ist es richtig, dass … bedeutet?*
- *Ist mit … … gemeint?*
- *Ist … vergleichbar mit … / so etwas Ähnliches wie … (bei uns)?*
- *Hat … die gleiche / eine ähnliche Bedeutung wie …?*
- *Mir ist nicht ganz klar, ob … dasselbe bedeutet wie bei uns …*
- *Würde man den gleichen Begriff verwenden, wenn es sich um … handelt?*
- *Verwendet man das Wort in dieser Bedeutung nur in diesem Kontext?*

3. Sie sprechen Probleme an und schlagen Lösungen vor

a Sie möchten ein „delikates" Thema ansprechen

- *Vielleicht sollten Sie wissen, dass es hier bei uns als … gilt, wenn Sie …*
- *Ich würde Ihnen raten, … (nicht) zu … Hier …*
- *Sie nehmen es mir hoffentlich nicht übel, aber bei uns in … ist es so, dass man …*
- *Hier bei uns in … (Ihr Land) … (nicht). Sie verstehen vielleicht, dass Ihr Verhalten / … … bewirkt.*
- *Wahrscheinlich wollen Sie …, wenn Sie … Hier ist es allerdings so, dass …*
- *Ich hoffe, es ist Ihnen recht, wenn ich das anspreche. Aber …*
- *Vielleicht haben Sie schon bemerkt, dass …*

b Sie machen Lösungsvorschläge

- *Können wir uns darauf einigen, dass … / … zu …?*
- *Ein Kompromiss könnte ja sein, dass / … zu …*
- *Vielleicht wäre es am vernünftigsten, wenn …*
- *Vielleicht wäre es eine gute / die beste Lösung, …*
- *Was halten Sie davon, wenn wir …?*
- *Gäbe es nicht mehr Vorteile als Nachteile, wenn …?*

c Sie formulieren Einwände

- *Ja, aber das hätte den Nachteil, …*
- *Meinen Sie nicht, dass dann …?*
- *Ich fürchte, das führt dazu / …*

4. Sie machen Vorschläge zur Anredeform bzw. reagieren darauf

a Sie erinnern an die bei Ihnen üblichen Anredeformen
- *Also, bei uns verwendet man (zwischen Mitarbeitern) meistens/häufig …*
- *In der Regel spricht man … mit … an.*
- *Titel sind …, deshalb …*

b Sie machen Vorschläge zur Anredeform
- *Ich fände es am besten/einfachsten/…, wenn wir uns mit … anreden.*
- *Wären Sie einverstanden / Hätten Sie etwas dagegen, wenn wir uns mit … anreden?*
- *Macht es Ihnen etwas aus / Würde es Sie stören, wenn wir uns mit … anreden?*
- *Ich schlage vor, dass wir uns mit … anreden. Das erleichtert die Zusammenarbeit / …*
- *Was halten Sie davon, wenn wir uns mit … anreden?*
- *Darf ich Sie mit … anreden? Das fände ich einfacher.*

c Sie reagieren auf Vorschläge zur Anredeform
zustimmend
- *Ja, gern.*
- *Ja, gern, wenn es Ihnen so lieber ist.*
- *Einverstanden.*
- *Gut, dann siezen/duzen wir uns also von jetzt ab / weiterhin.*

ablehnend
- *Mir wäre es lieber/angenehmer, wenn Sie mich / wir uns (weiterhin) mit … anreden.*
- *Für mich wäre die Arbeitsbeziehung einfacher, wenn Sie/wir … beibehalten würden.*
- *Seien Sie mir nicht böse, aber ich würde mich wohler fühlen, wenn Sie mich / wir uns (weiterhin) mit … anreden.*
- *Darf ich Sie darum bitten, bei (der Anrede) … zu bleiben? Das wäre mir lieber.*
- *Ich hoffe auf Ihr Verständnis, wenn ich Sie bitte, bei der Anredeform … zu bleiben.*

d Sie erklären Ihre Reaktion
- *Bei der Anrede mit … haben wir eher den Eindruck, dass …*
- *Die Anrede mit … empfinden wir als …*
- *In der Beziehung zwischen … und … ist es ganz wichtig, … Deshalb …*
- *Wenn wir Vorgesetzte/Kollegen/… mit … anreden sollen, haben wir das Gefühl, dass …*

5. Sie steuern ein Gespräch

a Sie machen Vorschläge zur Gesprächsplanung
- *Ich schlage vor, dass wir die folgenden Punkte/Themen nacheinander besprechen.*
- *Fangen wir zuerst mit … an und besprechen danach die Frage, …*
- *Wir haben jetzt insgesamt … Minuten/Stunden. Vielleicht sollten wir so vorgehen: …*
- *Am besten besprechen/klären wir zuerst … / beginnen wir mit …*
- *Vielleicht sollten wir zunächst klären, …*
- *Punkt 1 auf der Tagesordnung ist …*

b Sie stellen Einverständnis über die Gesprächsplanung her
- *Wenn Sie damit einverstanden sind, sollten/könnten wir so vorgehen: Zuerst …*
- *Sind Sie mit der Tagesordnung einverstanden oder haben Sie eventuell Änderungs- oder Ergänzungswünsche?*
- *Wie sollen wir vorgehen? / Haben Sie einen Vorschlag zum Vorgehen?*
- *Wären Sie damit einverstanden, / Was halten Sie davon, wenn wir so vorgehen: …?*
- *Sollen wir zunächst (das Thema) … ansprechen oder lieber …?*
- *Bei uns geht man in der Regel so vor: …*
- *Ich fände es am effizientesten / am sinnvollsten, wenn wir zunächst …*
- *Können wir uns darauf einigen, dass wir …?*

c Sie leiten zum Gegenstand des Gesprächs über
- *Das Ziel / Der eigentliche Anlass unseres Gesprächs/Treffens war ja, …*
- *Wir hatten vereinbart, über … zu sprechen.*
- *Auf der Tagesordnung haben wir die folgenden Punkte: …*
- *Ich wollte (eigentlich) mit Ihnen … besprechen / über … sprechen / die folgenden Punkte ansprechen: …*
- *Zu unserem (eigentlichen) Thema: Es geht ja um … / darum, …*

d Sie möchten einen Punkt abschließen oder zum nächsten Punkt übergehen
- *Ich würde jetzt gern zum nächsten Punkt kommen.*
- *Wir sollten jetzt zum nächsten Punkt kommen.*
- *Haben wir diesen Punkt abgeschlossen?*
- *Ich möchte diesen Punkt jetzt abschließen und …*
- *Können wir dazu jetzt eine Entscheidung treffen?*

e Sie möchten ein Thema oder einen Punkt zurückstellen
- *Darf ich Ihre Frage noch einen Augenblick zurückstellen und zuerst noch … abschließen/klären?*
- *Also, für mich wäre es wichtig, zunächst mal … zu klären, bevor wir über … sprechen.*
- *Das ist ein wichtiger Punkt. Vielleicht sollten wir darauf später noch einmal zurückkommen.*
- *Wir sollten diesen Punkt später noch einmal aufgreifen.*
- *Darüber sprechen wir ja noch, wenn wir zu Punkt … (der Tagesordnung) kommen.*

f Sie bitten um Stellungnahme
- *Vielleicht sollte sich jeder kurz dazu / zu dem Vorschlag äußern.*
- *Wer möchte sich dazu äußern / dazu was sagen?*
- *Wie sehen Sie das? / Was halten Sie davon? / Was meinen Sie?*
- *Ich hätte dazu jetzt gern Ihre Stellungnahme/Kommentare.*

g Sie fassen (Zwischen-)Ergebnisse zusammen
- *Sind Sie mit der folgenden Zusammenfassung einverstanden? …*
- *Für das Protokoll fasse ich als Gesprächsergebnis Folgendes zusammen: …*
- *Ich fasse jetzt noch einmal zusammen, wer welche Aufgaben übernimmt: …*
- *Als Ergebnis unseres Gesprächs halte ich Folgendes fest: …*

h Sie möchten das Gespräch abschließen

- *Aus meiner Sicht haben wir alle Punkte besprochen.*
- *Damit haben wir dann ja wohl alles besprochen.*
- *Gut, das war es so weit! (Oder haben Sie noch Fragen?)*
- *Habe ich etwas übersehen? Was würden Sie gern noch ansprechen?*
- *Ich glaube, damit hätten wir alles besprochen. Vielen Dank.*
- *Ja, das wär's dann für heute. Oder haben wir was vergessen?*

6. Sie leiten eigene Gesprächsbeiträge ein

a Sie bitten ums Wort

Moment,

- *darf ich dazu (kurz) etwas sagen? …*
- *darf ich da kurz einhaken? …*
- *ich würde (zu diesem Punkt) gern Folgendes sagen: …*
- *darf ich zu diesem Punkt ums Wort bitten? …*
- *lassen Sie mich dazu (kurz) antworten/sagen/erklären, …*

b Sie möchten jemanden unterbrechen

- *Verzeihung, darf ich Sie kurz unterbrechen? …*
- *Wenn ich Sie hier kurz unterbrechen darf: …*
- *Darf ich dazu (bitte) kurz eine Frage stellen / etwas sagen? …*
- *Darf ich da kurz einhaken? …*
- *Direkt dazu: …*
- *Moment, eine Frage / eine kurze Zwischenfrage bitte: …?*

c Sie möchten sich gegen eine Unterbrechung wehren

- *Darf ich das / diesen Gedanken bitte zu Ende führen?*
- *Einen Augenblick bitte, darf ich das abschließen?*
- *Einen Moment bitte, ich bin gleich fertig.*
- *Gleich, …*
- *Lassen Sie mich gerade noch diesen Punkt zu Ende bringen.*
- *Wenn Sie mich bitte kurz ausreden lassen, kann ich das genauer erklären / …*
- *Wenn Sie mich bitte nicht unterbrechen würden!*

d Sie überprüfen Ihr Verständnis

Entschuldigen Sie, / Moment,

- *habe ich Sie jetzt richtig verstanden? Sie wollen damit sagen, dass …?*
- *meinen Sie (damit), dass …?*
- *wollen Sie damit sagen, dass …?*
- *was genau meinen Sie mit … / verstehen Sie unter …?*
- *heißt das / bedeutet das, dass Sie … (oder dass Sie …)?*
- *ich bin mir nicht sicher, ob ich genau verstehe, was Sie meinen / damit sagen wollen.*
- *ich verstehe jetzt nicht wirklich / bin mir jetzt nicht sicher, warum/ob Sie …*
- *für mich klingt das jetzt wie … / so, als ob Sie …*

e Sie präzisieren oder berichtigen Antworten

Entschuldigen Sie, aber

- *das war anders gemeint: …*
- *was ich (damit) sagen wollte, war …*
- *da habe ich mich sicher missverständlich ausgedrückt. Ich wollte damit sagen, dass …*
- *da haben wir uns wohl missverstanden. Ich wollte …*
- *(ganz) so meinte ich das nicht …*
- *das wollte ich damit eigentlich nicht sagen. …*

f Sie möchten einen anderen bzw. weiteren Punkt ansprechen

- *Ich würde gern noch einen anderen Punkt ansprechen (und zwar) …*
- *Noch was (ganz anderes): …*
- *Übrigens, was ich noch sagen/fragen wollte: …*
- *Da/Wo wir gerade dabei sind, … / Da wir gerade von … sprechen, …*
- *Da Sie gerade … erwähnen, …*
- *Gut, dass Sie das ansprechen. …*
- *Damit wir das später nicht vergessen, …*
- *Bevor wir zum nächsten Punkt übergehen, …*

g Sie möchten auf einen vorher besprochenen Punkt zurückkommen

- *Darf ich noch einmal auf … zurückkommen?*
- *Nochmals zurück zur Frage, …*
- *Ich möchte gern noch einmal auf das zurückkommen, was Sie/wir vorhin gesagt haben: …*
- *Sie sagten vorhin: …*
- *Was ich noch nicht genau verstanden habe, ist, …*

Teil **VII**

Hörtexte

II, A Mitteilungsabsichten von Kommunikationspartnern, Aufg. 1, Seite 10

Mutter und Tochter

Tochter: Mama, krieg ich ein Eis?
Mutter: Ich bin gerade dabei, Essen zu machen.
Tochter: Ach, immer!
Mutter: Vielleicht gibt's zum Nachtisch eins.
Tochter: Oh ja! Aber ein großes … mit Schokolade!

IV, A Wörter mit für beide Gesprächspartner unterschiedlichen Bedeutungen, Aufg. 1, Seite 38

Gespräche mit kleinen Missverständnissen

Gespräch 1

A: Also, ich bin wirklich überrascht, wie reich die Leute hier sind.
D: Na, ich kenn 'ne ganze Menge Leute, die mit sehr viel weniger als 2 000 Euro im Monat auskommen müssen.
A: Ja, aber schau dir doch mal die Wagen an, die sehen doch alle wie neu aus.

Gespräch 2

D: Tja … morgen ist ja dein letzter Tag hier. Was hältst du davon, wenn wir noch mal an den Starnberger See fahren? Das Wetter bleibt bestimmt schön.
A: Hmm … Das geht leider nicht. Morgen muss ich noch die Geschenke einkaufen, für meine Familie.
D: Brauchst du denn dafür den ganzen Tag?
A: Ja, natürlich.
D: Das finde ich aber toll, dass du dir so viel Mühe machst für deine Eltern … oder hast du auch Geschwister?

Gespräch 3

D: Wie wär's, wenn wir nach dem Kaffee noch ein bisschen spazieren gehen?
A: Und wohin?
D: Keine Ahnung. Einfach ein bisschen die Beine vertreten.

Gespräch 4

A: Wie findest du denn den neuen Chef?
D: Na ja, ich habe den Eindruck er ist ziemlich liberal.
A: Wie kommst du denn darauf?
D: Also, ich hab 'ne Fortbildung beantragt … Das hat der sofort bewilligt.
A: Aber der diskutiert doch dauernd mit den Leuten von der Gewerkschaft …

IV, A Wörter mit für beide Gesprächspartner unterschiedlichen Bedeutungen, Aufg. 2, Seite 38

Ein kleines Geschenk

Frau Wagner: Es freut mich, Sie persönlich kennen zu lernen, Herr Malik … Ich find, dann versteht man sich auch besser am Telefon, wenn man die Person mal gesehen hat.

Herr Malik: Das geht mir genauso … da weiß man dann wenigstens, mit wem man spricht. Übrigens, Frau Wagner, ich wollte ihnen das hier geben, ein kleines Geschenk. Ich habe es Ihnen aus Bombay mitgebracht. Von da komme ich gerade her.

Frau Wagner: Hmm … das ist wirklich sehr freundlich, Herr Malik. Aber ein Geschenk … das muss wirklich nicht sein, das sollten Sie eigentlich nicht …

Herr Malik: Oh, verzeihen Sie, ich wollte Sie nicht in Verlegenheit bringen – ich dachte, es würde Ihnen Freude machen.

Frau Wagner: Natürlich, natürlich, das ist sehr nett von Ihnen. Vielen Dank … wirklich … Herr Malik, was kann ich für Sie tun?

Herr Malik: Tja, also … Ich habe gleich einen Termin mit Frau Wolters vom Verkauf. Und ich hatte Herrn Pohl gesagt, dass ich ihn bei der Gelegenheit dann eventuell auch aufsuchen würde …

Frau Wagner: Und hatten Sie da schon etwas Genaues vereinbart?

Herr Malik: Ja, ja, Herr Pohl war auch an einem Gespräch interessiert, das hatten wir so vereinbart.

Frau Wagner: Weil … also Herr Pohl ist nämlich bis heute Mittag nicht im Haus.

Herr Malik: Nein, nein … privat möchte ich ihn natürlich nicht stören. Und ab wann wäre er dann wieder hier, in der Firma?

Frau Wagner: Wie gesagt, so gegen Mittag. Ich schau jetzt gerade mal in den Terminkalender … Moment … Also, am frühen Nachmittag würde es sicher gehen.

Herr Malik: Wunderbar … so ab 15.30 Uhr könnte ich das gut einrichten.

Frau Wagner: Tja, das geht leider nicht, ab 15 Uhr ist Herr Pohl in der Abteilungsbesprechung. Ich wollte Ihnen 13.30 Uhr vorschlagen …

Herr Malik: Hmm, also am Mittag, das wird kaum gehen. Da habe ich …

IV, A Wörter mit in zwei Sprachen unterschiedlichen Bedeutungen, Aufg. 1, Seite 40

Eröffnung einer Besprechung

Wir kommen jetzt zur Tagesordnung unserer Besprechung. Punkt 1: Herr Dr. Bauer wird uns das Konzept des Projekts „Biofix" erläutern. Dafür wird er ca. 30 Minuten brauchen. Anschließend bitte ich Sie dann um Ihre kurze Stellungnahme. Dafür sind 15 Minuten vorgesehen. Für Punkt 3, Diskussion und Entscheidung, haben wir 30 Minuten angesetzt. Punkt 4 ist dann die Absprache der Terminplanung und der Aufgabenverteilung. Das müssen wir in 15 Minuten schaffen. Gibt es Fragen oder Änderungsvorschläge zum Ablauf?

IV, B Mitteilungsabsichten, Äußerungen und deren Interpretation, Aufg. 1, Seite 43

Äußerungen mit verschiedenen Mitteilungsabsichten

1. Ich schlage vor, dass wir eine Pause machen.
2. Schicken Sie bitte diese Unterlagen an Frau Bärmann vom Vertrieb.
3. Das haben Sie wirklich sehr gut gemacht.
4. Tja … Ihr Bericht enthält ziemlich viele Fehler und Ungenauigkeiten.
5. Darf ich bitte mal eben Ihr Telefon benutzen?
6. Verlassen Sie sofort diesen Raum!
7. Sie können sich darauf verlassen, dass ich mich darum kümmere.
8. Seien Sie vorsichtig, diese Produkte sind feuergefährlich.

IV, B Direkter und indirekter Kommunikationsstil, Aufg. 1, Seite 45

Herr Schmidt trifft Herrn Tranka

Schmidt: Ach, Herr Tranka, freut mich, Sie zu sehen.

Tranka: Hi, guten Tag, Herr Schmidt. Ich freue mich auch sehr, Sie zu treffen.

Schmidt: Und? … Wie geht es Ihnen?

Tranka: Well, ja … also in letzter Zeit nicht so besonders gut, weil ich ja Probleme mit meiner Wohnung habe … Außerdem war ich ziemlich erkältet. Aber hier in der Firma ist alles o. k. und die Arbeit macht mir Spaß. Allerdings habe ich noch etwas Problems … äh, how you say „Schwierigkeiten" mit …

Schmidt: Hmm … Herr Tranka, wissen Sie zufällig etwas über den Ausgang der Verhandlung mit diesem Kunden aus Hongkong?

Tranka: Ja, Frau Hellweg hat mir davon erzählt.

Schmidt: Und? Ist das ein Geheimnis?

Tranka: Nein, nein … davon hat Frau Hellweg nichts gesagt.

Schmidt: Sie verstehen sicher, dass mich diese Sache interessiert.

Tranka: Ja, das verstehe ich gut, das ist ja auch eine wichtige Angelegenheit.

Schmidt: Aber, Sie wollen dazu jetzt lieber nichts sagen?

Tranka: Aber sicher! Wenn Sie möchten, kann ich Ihnen diese Informationen gern geben.

Schmidt: Auch ohne schriftliche Anfrage?

Tranka: Aber, Herr Schmidt, wir sind doch Kollegen, da brauchen wir doch keine schriftliche Anfrage für so was …

Schmidt: Sind Sie sicher?

Tranka: Ja, selbstverständlich! Da würden Sie mich doch auch informieren, wenn ich Sie danach fragen würde, oder?

Schmidt: Ich glaub, ich würde auf einer schriftlichen Anfrage bestehen.

Tranka: Verzeihung Herr Schmidt, habe ich Sie irgendwie verärgert?

Schmidt: Wie kommen Sie denn darauf?

Tranka: Ich hatte so ein Gefühl …

IV, B Direkter und indirekter Kommunikationsstil, Aufg. 2, Seite 45

Herr Wagner und Herr Lee

Wagner: Hallo, grüße Sie, Herr Lee!

Lee: Guten Tag, Herr Wagner.

Wagner: Ähm … ich geh heut' Abend mit ein paar Kollegen noch ein Bier trinken. Gehen Sie mit?

Lee: Ja … ich weiß nicht.

Wagner: Überlegen Sie's ruhig. Rufen Sie mich an, ja? Tschüss!

Lee: Ja, tschüss!

IV, C Unterschiedliche Konventionen für Gesprächsabläufe, Aufg. 1a, Seite 50

Herr Amon und Herr Banner in der Messecafeteria, 1. Version

Amon: Ja … schön dass Sie sich ein bisschen Zeit nehmen konnten … Haben Sie jeden Tag so viel Betrieb am Stand wie heute?

Banner: Na ja, also heute morgen war's besonders schlimm … Aber nachmittags wird es dann meistens wieder etwas ruhiger.

Amon: Hmm … bei uns ist es eher umgekehrt … wahrscheinlich, weil wir ziemlich weit hinten in der Halle stehen – bis dahin kommen die Leute dann immer erst am Nachmittag. Machen Sie die ganze Messe?

Banner: Ja, ich bleib bis Sonntagabend. Ein ganz schöner Schlauch!

Amon: Na, dann haben Sie sich ja sicher anschließend ein paar Tage Urlaub verdient.

Banner: Brauchen tät ich das schon – aber … leider habe ich den gerade vorher genommen.

Amon: Ich halt mir immer ein paar Tage nach der Messe frei … Darf ich fragen, wo Sie waren?

Banner: Ja, also für mich gibt's da eigentlich immer nur eins … die Berge und meinen Lieblingssport: Bergsteigen.

Amon: Bergsteigen … das ist ja sehr sportlich. Dann sind Sie ja wahrscheinlich am Ende des Urlaubs erst mal richtig k.o., oder?

Banner: Nein, nein … so schlimm ist das nun auch wieder nicht, da gibt's auch Ruhetage, wo man die Beine ausstreckt.

Amon: Hört sich gut an … Aber so was geht dann wahrscheinlich nur ohne Familie, oder?

Banner: Nee, wieso? Meine Frau macht da voll mit.

Amon: Ach ja, dann machen Sie das zu zweit … Ist natürlich toll, wenn man das gleiche Hobby hat. Aber mit Kindern würde es dann ja schwieriger, die kann man ja wohl nicht im Rucksack mitnehmen …

Banner: Na ja, solange die klein sind, kann man natürlich keine großen Touren machen, aber meine haben das ziemlich schnell gelernt.

Amon: Find ich toll, die ganze Familie, eine Seilschaft … so sagt man doch, oder?

Banner: Na ja, so idyllisch hatt ich das jetzt nicht darstellen wollen. Aber es macht Spaß.

Amon: Das glaub ich gern, das glaub ich gern … Äh, Herr Banner … was ich Sie noch fragen wollte … Ich hatte ja schon angedeutet, dass wir jetzt gerade mit Firma X-Plus einen ziemlich großen Auftrag verhandeln … und Sie hatten mir ja gesagt, dass Sie mit diesem Kunden ja nun schon länger arbeiten … Also … mich würde jetzt einfach mal interessieren, wie das so läuft? Ich meine …

Banner: Tja … Stimmt, dass wir mit X-Plus schon länger im Geschäft sind. Ähm … Also mit dem Herrn Frischka, vom Einkauf, kann man gut reden, wirklich. Auch, wenn's mal Lieferprobleme gibt. Aber bei der Qualität sind sie sehr pingelig, da muss man aufpassen. Da darf nichts schief laufen.

Amon: Ja …

Banner: Also, wir hatten mal ein Problem mit … aber insgesamt sind wir mit der Zusammenarbeit sehr zufrieden.

Amon: Herr Banner, das war mir jetzt sehr hilfreich, diese Informationen … muss ich sagen. Ich meine, wir sollten im Kontakt bleiben. Ich würde mich gerne revanchieren, wenn Sie mal 'ne ähnliche Auskunft brauchen.

Banner: Find ich 'ne gute Idee … Können wir machen. Ich geb Ihnen jetzt hier einfach mal meine Karte … Ja, danke … und ich schlag vor, wir rufen uns nach der Messe dann mal kurz an …

Amon: Ja, sollten wir machen – vielleicht nicht in den aller ersten Tagen, ich bin dann allerdings nach der Messe für eine Woche im Urlaub … am Meer, im Liegestuhl.

Banner: Dann sagen wir doch einfach Anruf nach dem 20., ja?

Amon: Ja, nach dem 20. Ich notier's mir eben.

Banner: Ja, dann … müssen wir wohl mal wieder …

Amon: Hat mich gefreut, mit Ihnen zu sprechen Herr Banner.

Banner: Ganz meinerseits, ganz meinerseits … und einen erfolgreichen Tag noch … und einen angenehmen Urlaub, falls wir keine Gelegenheit mehr haben …

Amon: Danke, danke … auch Ihnen wünsch ich noch eine erfolgreiche Messe und wie gesagt, wir hören ja noch voneinander.

Banner: Genau, Wiedersehen, Herr Amon!

Amon: Wiedersehen Herr Banner!

IV, C Unterschiedliche Konventionen für Gesprächsabläufe, Aufg. 1b, Seite 50

Herr Amon und Herr Banner in der Messecafeteria, 2. Version

Banner: Uff … Ja, eine Kaffeepause kann ich gebrauchen … Heute hab'n wir ja wirklich Hochbetrieb!

Amon: Ja, hab ich gesehen …

Banner: Und wie läuft's bei Ihnen?

Amon: Also … eigentlich ist bei uns dann immer erst am Nachmittag mehr los … Wir stehen in diesem Jahr ja auch ziemlich weit hinten in der Halle … bis die Leute da mal hinkommen …

Banner: Tja, da passen wir auf, dass wir so 'nen Platz nicht kriegen. Da sind die Leute dann k.o., wenn sie ankommen und haben ihre Aufträge schon vorher vergeben … Oder läuft das Geschäft?

Amon: Na ja … das weiß man dann ja immer erst am Ende der Messe …

Banner: Seh'n Sie, ich sag's Ihnen ja, dahinten macht man kein Geld, da kassiert nur die Messegesellschaft …

Amon: Na, so dramatisch ist's auch wieder nicht … aber Sie haben schon recht, so ganz zufrieden sind wir nicht in diesem Jahr …

Banner: Hab ich mir doch gedacht, dass Sie nicht so ganz glücklich ausschauen. Wissen Sie … Wir haben in diesem Jahr 25 000 € Standmiete auf den Tisch gelegt, um hier vorne zu sein – und das hat sich gelohnt, sag ich Ihnen.

Amon: 25 000?! Ein ganz schöner Batzen!

Banner: Hat sich gelohnt, wirklich. Wir machen im Schnitt fünf Neukunden pro Tag … Fünf! … Genau deshalb wollte ich ja auch noch mal mit Ihnen sprechen …

Amon: Ja?

Banner: Wir verhandeln jetzt gerade mit der Firma X-Plus, Auftragsvolumen um die 100 000 €, und X-Plus ist ja wohl ein langjähriger Kunde bei Ihnen, wie Sie sagten …

Amon: Ja, wir arbeiten schon ziemlich lange mit der Firma.

Banner: Ich wollte Sie jetzt einfach mal fragen, wie Sie mit dem zurecht kommen und ob's ein Problemkunde ist?

Amon: Also, wir haben da insgesamt eigentlich nie Probleme mit gehabt. Und mit dem Herrn Frischka, vom Einkauf, kann man gut reden, wirklich. Auch, wenn's mal Lieferprobleme gibt. Aber bei der Qualität, da muss man aufpassen. Da darf nichts schief laufen.

Banner: Da sind sie pingelig, was?

Amon: Ja. Also, wir hatten mal ein Problem mit ... aber wie gesagt, wir sind mit der Zusammenarbeit sehr zufrieden, wirklich.

Banner: Na, um so besser – dann können wir ja da unbesorgt einsteigen – und wenn's Probleme gibt, beschwer ich mich eben bei Ihnen ...

Amon: Dürfen Sie gerne machen, wenn Sie mich dann an der Auftragskommission beteiligen ...

Banner: Na klar, bekommen Sie ... Sagen Sie mal, das wäre doch überhaupt 'ne Idee, dass wir da in Kontakt bleiben. Wir hab'n doch bestimmt noch andere gemeinsame Kunden. Vielleicht brauchen Sie mal 'ne ähnliche Auskunft. Eine Hand wäscht die andere, nicht wahr?

Amon: Ja, können wir machen, können wir machen. Vielleicht telefonieren wir einfach mal nach der Messe ...

Banner: Genau, ich geb Ihnen hier meine Karte ... Ja ... Ja, danke ... und ich ruf Sie nach der Messe an.

Amon: Hmm, ja ... gute Idee.

Banner: Herr Amon, ich denk, Sie entschuldigen mich jetzt sicher, ich muss unbedingt wieder rüber zum Stand. Und wie gesagt, wir bleiben ja im Kontakt, nicht wahr?

Amon: Ja, nach der Messe ... Einen schönen Tag noch, Herr Banner – auf Wiedersehen!

Banner: Wiedersehen, Herr Amon!

IV, D Unterschiedliche Sozialbeziehungen und unterschiedliche Register, Aufg. 1, Seite 56

Frau Dr. Pohl empfängt Herrn Prof. Fleischer

Bauer: Frau Dr. Pohl ... Herr Professor Fleischer.

Pohl: Schön, das Sie sich die Zeit nehmen konnten, Herr Prof. Fleischer. Guten Tag.

Fleischer: Guten Tag, Frau Dr. Pohl. Freut mich, Sie persönlich kennen zu lernen.

Pohl: Ja, ganz meinerseits ... Bitte, wollen Sie nicht Platz nehmen, wir haben noch ein paar Minuten ...

Fleischer: Danke. Aber ich würde mir eigentlich ganz gerne vorher kurz den Konferenzraum anschauen, wenn Sie erlauben.

Pohl: Natürlich. Darf ich voraus gehen?

Fleischer: Bitte ... Sehr schön, wirklich ... Tja, auf dem Stand sind wir in den Universitäten noch nicht.

Pohl: Ja, wir sind auch sehr stolz auf unseren „Hightech-Saal" – so heißt er hier intern – allerdings finden manche Referenten das Bedienungspult nicht so praktisch ... Frau Bauer darf Ihnen sicher das Nötige erklären?

Fleischer: Ja, gerne ... Wenn Sie so freundlich wären, Frau Bauer?

Bauer: Gerne ... also hier links ...

Pohl: Herr Prof. Fleischer, ich darf mich sicher jetzt entschuldigen ... Ich sehe Sie ja dann anschließend.

Fleischer: Selbstverständlich.

Pohl: Wenn Sie irgendetwas brauchen, wenden Sie sich an Frau Bauer – sie wird sich um alles kümmern.

Fleischer: Ja, vielen Dank, Frau Dr. Pohl. Bis später.

IV, D Unterschiedliche Sozialbeziehungen und unterschiedliche Register, Aufg. 2, Seite 56

Frau Zacher und Frau Barton machen Bekanntschaft

Zacher: War interessant, der Vortrag gerade, oder kannten Sie das schon alles?

Barton: Nee, war völlig neu für mich, fand ich wirklich spannend … Übrigens, mein Name ist Lisa, Lisa Barton.

Zacher: Elisabeth Zacher, Vertriebsabteilung in der Kölner Filiale.

Barton: Ach, dann haben wir ja vielleicht schon mal am Telefon miteinander gesprochen. Ich bin in Dresden, in der Zentrale, Marketing … Ich hol mir grad' einen Kaffee … soll ich dir einen mitbringen oder möchtest du was anderes?

Zacher: Hmm … gerne, einen Kaffee … Die Unterlagen kannst du da lassen, sonst wird's schwierig, bei dem Gedränge.

Barton: Ich hab in den Ferien früher oft in 'ner Kneipe gearbeitet …

Zacher : Na, dann kann ja nichts passieren … Mit Zucker, bitte, den Kaffee …

IV, D Unterschiedliche Konventionen bei der Wahl des passenden Registers, Aufg. 2, Seite 57

Am Kaffeeautomaten

D: Ach, ich glaub, ich brauch 'nen Kaffee. Möchten Sie auch einen?

A: Ja, sehr gern, vielen Dank.

D: Mit Zucker?

A: Ja, danke. Wenn Sie so freundlich wären.

D: Vorsicht … ist heiß!

A: Vielen Dank. Äh … Darf ich Ihnen das zurückerstatten?

D: Ach was! Nein, nein, lassen Sie nur.

A: Ich danke Ihnen für die Einladung. Ich würde mich freuen, Gelegenheit zu haben …

D: Na klar, beim nächsten Mal schmeißen Sie dann 'ne Runde!

IV, F Sprechweise und unterschiedliche Interpretationen, Aufg. 1, Seite 66

Äußerungen mit verschiedenen Sprechweisen

1. Wünschen Sie vor dem Essen einen Aperitif?

2. Ich habe Ihren Bericht mit großem Interesse gelesen.

3. Bringen Sie mir dann bitte den Vertrag?

4. Vielleicht sollten wir hier eine Pause einlegen, wenn Sie einverstanden sind.

5. Ich verstehe nicht, warum Sie mir diesen Brief nicht gezeigt haben. Sie wussten doch, dass das wichtig war.

6. Wieso antwortet denn da niemand am Telefon?

Training berufliche Kommunikation – eine Übersicht

Die fünf Trainingsmodule bieten Unterrichtsmaterial für Berufstätige und Studierende in Aus- und Fortbildung, die sich gezielt auf ihre Kontakte mit und in deutschsprachigen Unternehmen vorbereiten wollen, aber wenig Zeit haben. Jedes Modul behandelt eine spezifische Anforderung und ist einzeln oder komplementär zu anderen z. B. in Kompaktkursen oder ergänzend in Kursen mit berufssprachlicher Ausrichtung einsetzbar.

Praxistipps aus Fachliteratur und Fachpresse sowie Audioaufnahmen von Gesprächen vermitteln nützliche Strategien und Techniken für die Gesprächs-führung, auch im Hinblick auf jeweils relevante interkulturelle Aspekte der Kommunikation. Zur erfolgreichen Umsetzung dieser Strategien stellt das Material viele gängige Redemittel bereit. Vorbereitet und trainiert werden Routinesituationen aus dem beruflichen Alltag anhand von praxisnahen Fallbeispielen und Gesprächsszenarien.

Geschlossene Aufgabenblöcke mit klar definierten Lernzielen erleichtern den flexiblen Einsatz und die Anpassung an unterschiedliche Kursteilnehmer-profile und Kursformate.

Sprachliche Voraussetzungen:
Niveaustufen B2/C1 des Gemeinsamen europäischen Referenzrahmens
Kursformat:
16–24 Unterrichtsstunden pro Modul

Komponenten:
Trainingsmodul mit einer eingelegten Audio-CD
Hinweise für den Unterricht mit Lösungsschlüssel, weiterführenden Artikeln aus der Fachpresse als Kopiervorlagen und mit entsprechenden Aufgaben dazu.

Trainingsmodule

Erfolgreich bei Präsentationen

Präsentation von Unternehmen und Produkten im Rahmen von Messeteilnahmen; Erstkontakte zwischen Messebesuchern und Messe-Standmitarbeitern; Messegespräche zwischen Ausstellern, Kunden, Geschäftspartnern; Nachmessekontakte

Erfolgreich in Besprechungen

Terminvereinbarungen; Klärungsgespräche über Zuständigkeiten, Aufgaben, Leistungen mit internen und externen Gesprächspartnern; Leitung von bzw. Teilnahme an Projektteam-Besprechungen, Geschäftsbesprechungen

Erfolgreich in der interkulturellen Kommunikation

Verständnis sprachlicher und nicht-sprachlicher Ursachen von Kommunikationsproblemen bei der interkulturellen Zusammenarbeit; unterschiedliche Kulturstandards, sprachliche Konventionen, Wertungen, die bei der Zusammenarbeit mit deutschen Partnern zu berücksichtigen sind; Erprobung von Lösungsstrategien

Erfolgreich in Verhandlungen

Vorbereitung, Führung und Wertung von Verhandlungen mit Kollegen, Mitarbeitern, Vorgesetzten, Geschäftspartnern über Vereinbarungen, Aufgaben und Aufträge

Erfolgreich am Telefon und bei Gesprächen im Büro

Empfang von Besuchern und Gästen des Unternehmens; Routinegespräche am Telefon und im Büro mit Vorgesetzten, Mitarbeitern, Kunden, Lieferanten und Geschäftspartnern; Weitervermittlung an zuständige Ansprechpartner, Terminvereinbarungen, Auskünfte, Planung, Anmahnungen, Reklamationen; Bestätigung durch Fax oder Mail

Textquellen

S. 11: © Hofstede, Geert: Cultures and organisations. McGraw-Hill 1991

S. 29: © Weber, Hartmut; Becker, Maria; Laue, Barbara: Fremdsprachen im Beruf. Shaker Verlag, S. 41-43.

S. 33: © Müller-Jacquier 2004

S. 34: oben: © Schroll-Machl, Sylvia: Die Deutschen – Wir Deutsche. Vandenhoeck & Ruprecht 2002, S. 93 – unten: © Butscher, S.: Bist du in Rom – verhalte dich wie ein Römer! in: Der Karriereberater 06/1997, S. 103ff.

S. 35: oben: © Schroll-Machl, Sylvia: Die Deutschen – Wir Deutsche. Vandenhoeck & Ruprecht 2002, S. 201 – unten: © Eismann, Volker

S. 42: © Duden. Deutsches Universalwörterbuch. Hrsg. Günther Drosdowski, 2. Aufl., Mannheim, Wien, Zürich: Dudenverlag 1989

S. 66: © Müller-Jacquier, Bernd: Interkulturelle Kommunikation und Fremdsprachendidaktik. Universität Koblenz-Landau 1999, S. 9ff.

S. 70: © Motivation 1/1995

S. 71: Florian Illies: Anleitung zum Unschuldigsein. © Argon Verlag, Berlin 2002. Alle Rechte vorbehalten S. Fischer Verlag GmbH, Frankfurt/M.

S. 73: © Trompenaars, Fons: Riding the waves of culture. Nicholas Brealey Publishing 1997.

Weitere Texte zum Thema finden Sie in der Zeitschrift „MARKT – Materialien aus der Presse" (Hrsg. Goethe-Institut; Stichwort-Register u. a. unter www.goethe.de/markt).

Videoaufnahmen auf der DVD

aus: Gespräch über Grenzen. Lernmaterialien des MBA-Studiengangs Internationales Marketing, © Hochschule Reutlingen 2005, www.mba.esb-reutlingen.de

Nicht alle Copyrightinhaber konnten ermittelt werden; deren Urheberrechte werden hiermit vorsorglich und ausdrücklich anerkannt.

Inhalt der Audio-CD

Track	Teil	Aufgabe	Titel
1			Nutzungshinweis, Copyright-Hinweis des Cornelsen Verlages
2	II	A Mitteilungsabsichten von Kommunikationspartnern, Aufg. 1	Mutter und Tochter
3	IV	A Wörter mit für beide Gesprächspartner unterschiedlichen Bedeutungen, Aufg. 1	Gespräche mit kleinen Missverständnissen, Gespräch 1
4	IV	A Wörter mit für beide Gesprächspartner unterschiedlichen Bedeutungen, Aufg. 1	Gespräche mit kleinen Missverständnissen, Gespräch 2
5	IV	A Wörter mit für beide Gesprächspartner unterschiedlichen Bedeutungen, Aufg. 1	Gespräche mit kleinen Missverständnissen, Gespräch 3
6	IV	A Wörter mit für beide Gesprächspartner unterschiedlichen Bedeutungen, Aufg. 1	Gespräche mit kleinen Missverständnissen, Gespräch 4
7	IV	A Wörter mit für beide Gesprächspartner unterschiedlichen Bedeutungen, Aufg. 2	Ein kleines Geschenk
8	IV	A Wörter mit in zwei Sprachen unterschiedlichen Bedeutungen, Aufg. 1	Eröffnung einer Besprechung
9	IV	B Mitteilungsabsichten, Äußerungen und deren Interpretation, Aufg. 1	Äußerungen mit verschiedenen Mitteilungsabsichten
10	IV	B Direkter und indirekter Kommunikationsstil, Aufg. 1	Herr Schmidt trifft Herrn Tranka
11	IV	B Direkter und indirekter Kommunikationsstil, Aufg. 2	Herr Wagner und Herr Lee
12	IV	C Unterschiedliche Konventionen für Gesprächsabläufe, Aufg. 1a	Herr Amon und Herr Banner in der Messecafeteria, 1. Version
13	IV	C Unterschiedliche Konventionen für Gesprächsabläufe, Aufg. 1b	Herr Amon und Herr Banner in der Messecafeteria, 2. Version
14	IV	D Unterschiedliche Sozialbeziehungen und unterschiedliche Register, Aufg. 1	Frau Dr. Pohl empfängt Herrn Prof. Fleischer
15	IV	D Unterschiedliche Sozialbeziehungen und unterschiedliche Register, Aufg. 2	Frau Zacher und Frau Barton machen Bekanntschaft
16	IV	D Unterschiedliche Konventionen bei der Wahl des passenden Registers, Aufg. 2	Am Kaffeeautomaten
17	IV	F Sprechweise und unterschiedliche Interpretationen, Aufg. 1	Äußerungen mit verschiedenen Sprechweisen

Inhalt der DVD

Teil	Aufgabe	Titel
II	D Kontaktgespräch zwischen Mitarbeitern aus verschiedenen Kulturen, Aufg. 1	Gespräch zwischen Herrn Weber und Herrn Gregory